Geschichtenwerkstatt

Klaus W. Vopel

Geschichten-werkstatt

2.1.06

Die Deutsche Bibliothek – CIP-Einheitsaufnahme
Vopel, Klaus W.:
Geschichtenwerkstatt : Erzählen und Verstehen /
Klaus W. Vopel. - 1. Aufl. -
Salzhausen : iskopress 2001
ISBN 3-89403-077-1

1. Auflage 2001

Umschlag und Illustrationen:
Mathias Hütter, Schwäbisch Gmünd
Satz und Layout: E. Velina
Druck: Runge, Cloppenburg

Inhalt

Vorwort

Die Liebe zu Geschichten verbindet die Menschen aller Nationen und Rassen. Selbst Völker, die über keine Schrift verfügen, haben einen Schatz an Geschichten, die sie mündlich weitergeben, von Generation zu Generation. Was ist es, das uns Menschen zum Erzählen und Zuhören motiviert? Geschichten wollten zum einen immer erziehen, Werte und Lebensweisheit weitergeben. Zum anderen haben sie eine verbindende Wirkung: von den Kämpfen und Siegen, Leiden und Glücksgefühlen unserer Mitmenschen zu hören, bringt uns diesen näher, und es bewirkt, dass wir uns als Individuen mit unseren Problemen weniger einsam fühlen.

Um unseren Hunger nach Geschichten zu befriedigen, werden jährlich eine Unzahl von Romanen und Erzählungen geschrieben, Filme produziert und Comics gezeichnet. Und auch das Fernsehen erzählt von früh bis spät Geschichten, von der Tagesschau über den Werbespot bis zum Krimi am Abend. Sogar die meisten Computerspiele, die die Kids von heute vor den Bildschirm bannen, kommen als Märchen und Mythen daher: Supermario, Star-Trek, Tomb Raider etc.

In Zeiten, als es weder Fernsehen noch Kino gab, saßen die Menschen häufig zusammen, um sich gegenseitig Geschichten zu erzählen. Oft lebten mehrere Generationen unter einem Dach, und die Überlieferung der Familienanekdoten und -geschichten ging ganz natürlich und nebenbei – abends am Küchentisch – vonstatten. Heute tun wir uns damit schwerer. Viele Erwachsene entschließen sich irgendwann, zu Eltern oder Großeltern zu reisen, um endlich etwas von deren Geschichte zu erfahren. Und vielen fällt es schwer, über sich selbst zu sprechen.

Hier setzt die „Geschichtenwerkstatt“ an. Jugendliche und erwachsene Teilnehmer bekommen Gelegenheit, ihre „Stimme“ zu entdecken und hörbar zu machen. Im Kontext einer verlässlichen Gruppe ist das möglich, ohne Angst, beurteilt oder kritisiert zu werden. Wenn unsere Teilnehmer Geschichten erzählen, kann das heilsam sein – emotional, spirituell und sogar physisch. Wir alle haben Zugang zu einer „höheren Weisheit“, und manchmal erfahren wir das erst, wenn wir unsere Geschichte laut vortragen.

Auch das Zuhören kann heilsam sein. Wenn wir die Geschichten anderer Gruppenmitglieder hören, kann Vertrauen entstehen. Wir bemerken, dass wir nicht allein sind bei unserer Suche, mit unserer Unruhe und mit unseren Fragen. Wir haben Weggefährten.

Die Experimente der Geschichtenwerkstatt passen in jede psychoedukative oder therapeutische Gruppe. Sie machen die Arbeit der Gruppe bedeutungsvoller und die Gruppe kohärenter. Darüber hinaus helfen sie jedem, der gern flüssiger schreiben möchte, der lebendiger erzählen will, der seine Kreativität und Intuition zu entwickeln wünscht. Sie helfen, die eigenen Gefühle zu spüren und das Gefühlsleben zu erfassen. Die Experimente bieten eine ausgezeichnete Möglichkeit, die Kommunikationsfähigkeit zu stärken und die eigene Biographie aus einer neuen Perspektive zu betrachten. Sie helfen darüber hinaus, einschränkende Vorurteile und Stereotype zu erkennen, die uns hindern, unsere Ziele zu erreichen.

Die allergrößte Bedeutung aber hat Folgendes: Wenn wir Geschichten aufschreiben oder spontan erzählen, dann folgen wir den Spuren der Schamanen, Priester und Dichter. Ja, wir werden die Ebenbilder des Schöpfergottes. Wir entdecken eine Kreativität, die tief in uns liegt. Sie verbindet uns mit den Mächten, deren Kinder wir sind.

Jedes Leben ist eine Geschichte

Biographie kompakt

Immer wieder haben wir das Bedürfnis, anderen die Geschichte unseres Lebens zu erzählen oder wenigstens Teile unserer Lebensgeschichte. Im besten Falle möchten wir damit erreichen, dass der Zuhörer uns versteht, unsere Empfindlichkeiten, unsere Stärken, unsere Ziele. Manchmal geben wir Einblick in unsere Biographie, um zu beeindrucken, um für uns einzunehmen oder zu belehren. Und das Interesse, das wir an unserer Lebensgeschichte haben, verändert sich. Als junge Erwachsene emtwickeln wir ein gesteigertes biographisches Interesse, denn wir müssen entscheiden, was wir mit unserem Leben machen wollen. Wir blicken dann auf die Schulzeit und auf unsere Familie zurück. Wir überlegen, ob wir unser weiteres Leben ähnlich entwickeln möchten, wie das in unserer Familie üblich war, oder ob wir bewusst neue Wege einschlagen wollen.

Zwischen 40 und 50, also in der Halbzeit unseres Lebens, erneuert sich gewöhnlich das Interesse an unserer Biographie. Wir ziehen Bilanz und vergleichen unsere alten Ziele mit der Wirklichkeit unseres Lebens. Sind wir dort angekommen, wo wir hin wollten? Haben wir den richtigen Weg eingeschlagen? Können wir so weitermachen oder müssen wir den Kurs unseres Lebens drastisch verändern?

Und am Ende unseres Lebens stellen wir die Frage nach unserer Biographie erneut. Wir halten Rückschau. Jetzt übersehen wir den größten Teil unseres Lebensweges. Wir erkennen unsere Erfolge und Misserfolge deutlicher. Wir denken über Wege nach, die wir nicht gegangen sind, manchmal mit einem gewissen Bedauern, und wir spekulieren vielleicht, wie unser Leben verlaufen wäre, wenn wir damals eine andere Entscheidung getroffen hätten. Wir suchen nach dem Sinn unseres Lebens und hoffen, dass wir sagen können: „Es war gut so.“ Wenn wir Glück haben, verzeihen wir uns Fehler und sind auch bereit, anderen zu vergeben, die uns verletzt oder enttäuscht haben.

Aber wir haben nicht nur periodisch das Bedürfnis, über die Geschichte unseres eigenen Lebens nachzudenken, sondern wir sind auch neugierig auf die Biographien anderer Menschen. Immer, wenn wir etwas über fremde Lebenswege hören, ist das eine Anregung für uns, zu vergleichen und Antworten zu finden für wichtige Lebensfragen, die uns gerade beschäftigen.

Je älter wir werden, desto leichter entdecken wir Muster, d. h. die Aspekte unserer Lebensgeschichte, die typisch sind für die Kultur, in der wir aufgewachsen sind. Auf der anderen Seite entwickeln wir ein besseres Verständnis für die einzigartigen Elemente unserer Lebensgeschichte. Die Geschichte unseres Lebens ist vielleicht der wichtigste Teil unserer Identität. In ihr erkennen wir das Glück, das wir im Leben finden, und das Kreuz, das wir zu tragen haben. Es gibt ein altes Volksmärchen, das den poetischen Titel „Der Sorgenbaum" trägt. Es berichtet, wie sich die Menschen ständig bei Gott über all die Sorgen beklagten, von denen sie geplagt wurden. Sie waren der Meinung, dass sie es besser verdient hätten. Gott hatte ein Einsehen und machte ihnen einen Vorschlag: Sie sollten ihre Kümmernisse an den Sorgenbaum hängen. Jeder konnte die eigene Sorge gegen eine fremde Sorge austauschen. Die Menschen umkreisten den Sorgenbaum und hielten Ausschau nach einer Sorge, die leichter zu tragen wäre. Aber nach langer Suche entschloss sich jeder, doch den eigenen Kummer auf sich zu nehmen.

Was immer unsere Lebensgeschichte ist, wir müssen sie kennen und dazu stehen. Zum Teil haben wir sie selbst geprägt, zum Teil ist sie uns vom Schicksal gegeben. Sie ist die Quelle und die Dokumentation unserer Identität, und am Ende unseres Lebens ist diese Geschichte das Einzige, was wir noch haben.

In der folgenden Übung können die Teilnehmer eine kompakte Version ihrer Lebensgeschichte erzählen, und zwar aus der Perspektive ihrer letzten Stunde. Das gibt die Möglichkeit, dass sich jeder auf das Wesentliche konzentriert und überprüfen kann, ob er auf dem richtigen Wege ist oder seiner Geschichte eine neue Wendung geben möchte.

Anleitung

Ab und zu erzählen wir die Geschichte unseres Lebens. Wenn wir uns bewerben, dann berichten wir von den Meilensteinen unserer beruflichen Entwicklung. Auf Familientreffen erzählen wir andere Geschichten. Wir sprechen dann vielleicht darüber, wieweit wir den geheimen Gesetzen der Familie gefolgt sind, welchen Familienmitgliedern wir wichtige Dinge verdanken, was für Konsequenzen das psychologische Erbe unserer Familie in unserem bisherigen Leben gehabt hat.

All diesen Geschichten ist eines gemeinsam: Wir können noch nicht die ganze Geschichte erzählen – ein Teil unseres Lebensweges liegt noch in der Zukunft. Heute sollst du die Geschichte deines Lebens auf eine ganz neue Weise erzählen, so wie du es bisher wahrscheinlich noch nicht getan hast:

Stell dir vor, dass du am Ende deines Lebensweges stehst. Schreibe nun, ohne lange zu überlegen und ganz spontan, die ganze Geschichte deines Lebens in fünf Sätzen auf. (2 bis 3 Minuten)

Auswertung

Wenn die Gruppe nicht zu groß ist, kann jeder seinen kurzen Text im Plenum vorlesen. Sonst kommen die Teilnehmer in Kleingruppen zusammen und stellen dort ihre Geschichten vor. Für die Besprechung im Plenum können folgende Fragen hilfreich sein:

- Habe ich in meiner Kurzbiographie irgendetwas mitgeteilt, was für mich selbst neu ist?
- Habe ich den Eindruck, dass ich mit dieser Kurzbiographie eine tiefere Schicht meines Lebens berührt habe?
- Welche Konsequenzen legt meine Geschichte nahe: Kann ich so weitermachen oder sind Veränderungen angesagt?
- Welche andere Geschichte hat mich beeindruckt?
- Welche Fragen sind für mich entstanden?
- Welchen Titel könnte ich meiner Kurzbiographie geben?

Eine Geschichte erzählen

Es gibt viele verschiedene Arten von Geschichten. Es gibt unsere eigenen Geschichten, die erzählen, wer wir sind und was uns passiert ist. Es gibt Geschichten über andere Menschen und über das, was ihnen zugestoßen ist. Manchmal steht der Charakter im Mittelpunkt und manchmal ein Ereignis. Manchmal enthüllt eine Geschichte das Wesen eines Menschen, manchmal beschreibt sie eine Stimmung, manchmal erforscht sie Lebensumstände. Mancher schreibt nie über sich, weil er die Privatheit der eigenen Person schützen möchte oder weil er glaubt, dass er nichts Bedeutungsvolles über sich schreiben könnte. Andere schreiben nur über sich selbst, weil sie glauben, dass es unmöglich ist, die Wahrheit eines anderen Menschen zu erkennen.

Wenn wir schreiben, dann benutzen wir manchmal ein Mikroskop und manchmal ein Fernglas. Manchmal schauen wir nach innen, manchmal schauen wir nach außen, und wenn wir ernsthaft schreiben, dann versuchen wir, die Wahrheit auszuloten, wir versuchen, den Kern der Dinge zu treffen. Ob wir nun über uns selbst schreiben oder über andere, wir können nur von etwas erzählen, was wir gut kennen. Am allerwichtigsten ist es, dass wir uns selbst gut kennen. Nur dann können wir andere verstehen, können wir auch die Geschichten anderer Menschen erzählen. Selbsterkenntnis ist die Basis für unser Verständnis der Welt, und wenn wir über uns selbst schreiben, dann geben wir uns damit zu erkennen. Wenn wir Glück haben, dann sind die Geschichten, die wir erzählen, neu und überraschend. Wenn wir kreativ erzählen wollen, dann müssen wir auch auf die Stimme unseres Unbewussten hören, unserer Intuition, auf die Stimme unseres Schattens und auf die Stimme unserer Sehnsucht.

Das Erzählen von Geschichten hat eine lange Tradition. Seit Menschen sich abends um ein Lagerfeuer versammelten, haben sie sich Geschichten erzählt – Geschichten vom Ursprung der Welt, von den Göttern, die das Leben geschaffen haben, und immer wieder auch davon, was nach unserem Tode mit uns geschehen wird. Unsere Vorfahren glaubten an ihre Unsterblichkeit, und sie gaben sich große Mühe, dafür zu sorgen, dass es ihrer Seele im Jenseits gut ginge. Unser Bedürfnis nach Geschichten ist uralt, und wir haben auch das Bedürfnis, dass diese Geschichten nicht zu flach sein dürfen. In diesen Geschichten soll es nicht allein um zwischenmenschliche Beziehungen, um psychologische Verwicklungen gehen, sondern auch um schwierige Grenzerfahrungen wie Leben und Tod, um das Schicksal unserer Seele und unsere Beziehung zu höheren Mächten. Schon als Kinder brauchen wir solche Geschichten, damit wir die Welt verstehen lernen, uns selbst einordnen und unseren Platz in der Welt kennenlernen können, damit wir eine gewisse Lebenssicherheit entwickeln. Bedauerlicherweise nehmen sich viele Eltern heute zu wenig Zeit, um ihren Kindern Geschichten zu erzählen. Kinder, denen Geschichten vorenthalten werden, fehlt eine wunderbare Gelegenheit, ihre Phantasie und Imaginationskraft zu entwickeln, aber vor allem fehlt ihnen die Möglichkeit, rechtzeitig ein angemessenes Verständnis für Beziehungen und für die Aufgaben des Lebens zu entwickeln. Die Psychotherapeutin Francis Wickes hat in ihrer Arbeit mit Kindern herausgefunden, dass Entwicklungsstörungen in der Kindheit in zunehmendem Maße dadurch verursacht werden, dass kleine Kinder zwischen drei und sechs Jahren zu wenig Geschichten hören (Familiengeschichten und Märchen), und daher auch nicht angeregt werden zu Phantasiespiel und imaginären Aktionen.

Anleitung

Wenn wir eine Geschichte erzählen, dann möchten wir nicht nur Fakten mitteilen. Eine Geschichte entwickelt sich durch eine komplexe Mischung von Einsichten und Bildern, und sie spricht zu uns durch eine individuelle Mischung von Inhalt, Form und Sprache. Die Gestalt der Geschichte und die Art, wie wir sie erzählen, sind wichtige Bestandteile jeder Geschichte. Und eine Geschichte hat nicht nur eine Form, sie ist selbst eine Gestalt. Sie ist ein Muster, das isolierte und unzusammenhängende Ereignisse oder Erfahrungen verbindet und organisiert. Wenn wir die Geschichte hören, dann erkennen wir dieses innere Muster. Wir spüren, dass die Elemente innerlich – nicht nur chronologisch – zusammenpassen. Das Design einer Geschichte schenkt uns eine wichtige Botschaft und befriedigt unser Bedürfnis nach Wahrheit. Der Zusammenhang zwischen verschiedenen Ereignissen bewegt uns mehr, als es die isolierten Fakten tun könnten. Eine gute Geschichte verzichtet auf Willkür und zeigt uns eine organische Form. Wenn wir sie hören, dann trifft uns die Erkenntnis, dass wir in der Geschichte ein Bild der Welt sehen können, das zu uns spricht und unser eigenes Weltverständnis bereichert.

Geschichten erzählen ist im Kern eine Suche nach Sinn. Wenn wir unsere eigene Lebensgeschichte erzählen, dann bemerken wir, dass wir nicht nur die Opfer chaotischer Lebensumstände oder des Zufalls sind. Auch wenn wir uns vielleicht für unbedeutend halten, wenn wir von Kämpfen und Niederlagen erzählen, so zeigen wir in unseren Geschichten doch, dass wir ein sinnvolles Leben führen in einem geordneten Universum. Und wenn wir unsere eigene Geschichte erzählt haben, dann spüren wir vielleicht: „Ja, ich habe eine Geschichte. Ja, ich existiere." Dieses Gefühl kann uns eine tiefe Befriedigung geben.

Hast du je einen echten Geschichtenerzähler erlebt, den sprichwörtlichen Barden oder Troubadour, eine weise alte Frau oder einen ungewöhnlichen Therapeuten? Erinnere dich an eine der Geschichten, die du von dieser Person gehört hast und schreibe sie auf. Schreibe im Stil dieses Geschichtenerzählers, verwende seine Bildersprache, seine Pointen und Anspielungen.

Aber es kann natürlich sein, dass du noch nicht das Glück hattest, einen Vollblut-Geschichtenerzähler zu erleben. Dann stell dir vor, dass du selbst so ein Geschichtenerzähler bist, der den Menschen, mit denen er täglich zu tun hat, eine Geschichte erzählt. Schreibe irgendeine Geschichte aus deinem Leben auf und versuche dabei, die Aufmerksamkeit der Hörer zu fesseln und ihre Herzen zu erreichen.

Auswertung

Lassen Sie die Teilnehmer in Paaren zusammenkommen und sich gegenseitig ihre Geschichten vorlesen. Einige Freiwillige können dann im Plenum ihre Texte vortragen. Für die Besprechung im Plenum sind folgende Fragen hilfreich:

- Welche Kategorien von Geschichten wurden ausgewählt? (Kindheitsgeschichten, Familiengeschichten, Liebesgeschichten, Reisegeschichten, Lehrgeschichten etc.)
- Ist es mir gelungen, in meiner Geschichte ein Muster zu entdecken?
- Von wem habe ich in meiner Kindheit Geschichten gehört?
- Von wem höre ich heute ab und zu Geschichten?
- Erzähle ich selbst gern Geschichten?
- Welche Entwicklungsschritte liegen zwischen den historischen Ereignissen und der Abfassung der Geschichte?
- Habe ich Lust, mein eigenes Erzähltalent stärker auszubauen?

Grabinschrift

Hier verwenden wir wiederum eine Kurzform der Geschichte. Wir regen die Teilnehmer an, über die Grundstruktur ihres Lebens nachzudenken und über den Sinn ihrer Existenz. Sie sollen ihr ganzes Leben von seinem Endpunkt her betrachten und dabei ein Tabu brechen. Die meisten Menschen sprechen nicht gern vom eigenen Tod. Aber wenn wir uns mit unserer Biographie beschäftigen, dann gehört die Vorstellung des Todes zumindest unbewusst immer dazu. Unser Leben entfaltet sich ja zwischen Geburt und Tod, und wer sich mit seiner Lebensgeschichte beschäftigt, kann das freier und kreativer tun, wenn der Todesgedanke nicht unterdrückt wird.

Bei dieser Aufgabe können durchaus unterdrückte Ängste aufkommen, die die Teilnehmer überraschen. Diesen Ängsten Ausdruck zu geben, sie zu hören und sich mit ihnen anzufreunden, ist hilfreich. Viele Menschen werden von diesen Ängsten gehindert, sich ausführlicher mit der eigenen Lebensgeschichte zu beschäftigen und vielleicht sogar eine eigene Biographie abzufassen.

Anleitung

Stell dir vor, du wärest gestorben. Das Buch deines Lebens ist abgeschlossen. Du hast dein Leben gelebt. Du bist geboren worden, und nun bist du tot, und dein Herz schlägt nicht mehr. Was mit deiner Seele geschieht, darüber können wir nichts Genaues sagen, auch wenn das eine sehr interessante Frage ist. Jetzt geht es um ein praktisches Problem: Du sollt einen Grabstein bekommen, und du brauchst eine Grabinschrift.

Die meisten Menschen überlassen das Verfassen ihrer Grabinschrift anderen, aus Bescheidenheit oder weil sie sich, wie die meisten von uns, scheuen, der Tatsache ins Auge zu sehen, dass wir alle sterben müssen. In früheren Zeiten war es nicht unüblich, dass nicht nur Testamente aufgesetzt wurden, sondern dass auch Anweisungen für die Trauerzeremonie und für die Grabinschrift gegeben wurden. Das erforderte Mut und eine gewisse ehrliche Selbsterforschung. Wer immer die Inschrift lesen würde, konnte leicht überprüfen, wie gut der Text zu dem verflossenen Leben passte.

Du sollst nun gleich deine eigene Grabinschrift verfassen, so wie sie nach deinem Willen in deinen Grabstein eingemeißelt werden soll. Das kann ein sehr großer Grabstein sein mit ausreichend Platz.

Vielleicht schreckst du zunächst vor dieser Aufgabe zurück. Wir fürchten manchmal, dass wir durch die Beschäftigung mit unserem Tod das Ende heraufbeschwören könnten, aber das ist natürlich Aberglaube. Jeder von uns weiß, dass er irgendwann sterben muss. Und diese Einsicht ist das Sicherste, was wir überhaupt über uns wissen. Wenn wir den Mut haben, uns mit dem eigenen Sterben zu beschäftigen, dann lösen sich viele unserer unbewussten Ängste auf. Wir werden kreativer, experimentierfreudiger und innerlich selbständiger. Wir machen uns weniger Gedanken um die Erwartungen und Vorschriften anderer, die wir früher befolgten, weil wir glaubten, durch Gehorsam Sicherheit erkaufen zu können. Wenn wir uns mit dem eigenen Tode beschäftigen, entdecken wir eine Sicherheit, die in uns selbst liegt.

Fasse deinen Text in der dritten Person Einzahl ab. Berücksichtige dabei die folgenden Punkte: das Jahr deiner Geburt, das Jahr deines Todes und die Todesursache (mit Fragezeichen dahinter).

Formuliere dann ein kurzes positives Statement über dein Leben: Was hast du aus deinem Leben gemacht? Du kannst dich dabei von den folgenden Fragen inspirieren lassen:

- Welche Art Leben hat diese Person geführt?
- War es ein aufregendes Leben? War es ruhig oder eine Mischung aus beidem?
- Verfolgte diese Person geradlinig ein wichtiges Ziel, oder verlief ihr Lebensweg im Zickzack?
- Was hat sie zum Leben anderer beigetragen?
- Was waren die spezifischen Stärken dieser Person?
- Wie sollen andere diese Person im Gedächtnis behalten?
- Was glaubt diese Person, was nach dem Tode mit uns geschieht?

Wer tatsächlich seine eigene Grabinschrift vorbereitet, wird dieses Projekt vermutlich lange betreiben und in Abständen immer wieder darauf zurückkommen. Hier sollst du zügig arbeiten. Es genügt uns ein erster Entwurf. Versuche, deine Grabinschrift in fünfzehn Minuten zu formulieren...

Auswertung

Hier geben Trios einen guten Rahmen ab, um diese empfindlichen Texte vorzutragen und Gelegenheit zur Vertiefung zu geben. Für die Besprechung im Plenum können die folgenden Gesichtspunkte nützlich sein:

- Welche Regeln hatte deine Kindheitsfamilie im Blick auf Tod und Sterben? War das ein Tabu? Konnte in aller Ruhe darüber gesprochen werden?
- Wann hast du zum ersten Mal bewusst den Tod erlebt?
- Welche Einstellung hast du heute zum Tod entwickelt?
- Gestattest du dir manchmal, über deinen eigenen Tod nachzudenken?
- Welche Rolle spielen Sterben und Tod für das Erzählen autobiographischer Geschichten?
- Worum geht es in meinem Leben?

Geburtsgeschichte

Über die Geschichte unserer Geburt wissen wir nur aus zweiter Hand, von unseren Eltern oder Großeltern, die diese Geschichte immer wieder in verschiedenen Versionen erzählt haben. Unsere Geburtsgeschichte ist nicht nur deshalb wichtig, weil sie der Anfang unserer Biographie ist, sondern weil dieses Ereignis eine prägende Kraft für unser Leben hat. Wenn wir unsere Geburtsgeschichte genau betrachten, dann bekommen wir Einblick in die Beziehung unserer Eltern, und in die Einstellung von Vater und Mutter zu uns selbst; wir erfahren etwas über die Erwartung der Eltern an das Kind; wir spüren die Familienatmosphäre; wir erkennen, was uns in die Wiege gelegt wurde. Wir müssen uns damit auseinandersetzen, und wenn wir Glück haben, gibt uns unsere Kindheitsfamilie einen Rahmen, der unser genetisches Potential verstärkt. Aber es kann auch sein, dass unser Temperament und unser Potential eine Herausforderung für die Familie bedeutet. Wir sollen anders sein, als wir es sind. In diesem Fall müssen wir später darum kämpfen, unseren Lebensweg selbst zu gestalten.

Immer wenn ein Kind geboren wird, kommen wichtige Lebensthemen ins Spiel. Das Ereignis verändert die Beziehung der Eltern. Ein Kind erfordert viel Aufmerksamkeit: Wie wird der Mann damit fertig, dass das Baby eine so zentrale Rolle im Leben der Frau spielt? Fühlt er sich weniger geliebt? Reagiert er eifersüchtig? Wie wird die anfallende Mehrarbeit verteilt? Ist der Mann bereit, einen gerechten Anteil daran zu übernehmen? Was bedeutet das Kind für die berufliche Lebensplanung von Frau und Mann? Wer muss zurückstecken? Wie verhandeln die Partner diese neue Situation? Wie regeln sie die unausweichlichen Konflikte? Was bedeutet das für die Intimität ihrer seelischen Beziehung? Kommt es jetzt zur Dreiecksbildung, z. B. zu einem Bündnis der Mutter mit dem Kind gegen den Vater oder umgekehrt? Aus der Sicht des Kindes ist es am wichtigsten, dass es erleben kann, von beiden Eltern geliebt und beschützt zu werden. Wie sind die Aussichten zur Zeit der Geburt für die Stabilität der elterlichen Beziehung?

Alle diese Fragen deuten an, dass die Geburt nicht nur ein freudiges Ereignis ist, sondern eine der großen Belastungsproben jeder Partnerschaft. Naivität und Romantik der ursprünglichen Liebesbeziehung müssen verwandelt werden. Dafür sind Einfühlungsvermögen, Fairness und eine gewisse Opferbereitschaft auf beiden Seiten nötig. Viele Paare sind auf diese Komplikationen nicht vorbereitet, und alle Eltern müssen Zeit, Geld, Arbeit und Liebe neu einteilen.

Von all diesen Problemen ahnt das Kind noch nichts, aber wir können im Rückblick versuchen, uns die innere Situation unserer Eltern vorzustellen. Auf diese Weise erscheinen uns die Eltern vielleicht menschlicher.

Wenn wir gleich unsere Geburtsgeschichte schreiben, dann reicht es nicht aus, dass wir die berichteten Fakten zusammenstellen, wir müssen auch ein psychologisches Bild der Eltern rekonstruieren, und dazu sind wir angewiesen auf unsere mitfühlende Phantasie.

Anleitung

Geh in deiner Erinnerung zurück zum Tag deiner Geburt. Natürlich kannst du dich an die Ereignisse dieses Tages nicht erinnern, aber du hast „sekundäre“ Erinnerungen an diesen denkwürdigen Tag, die sich aus den Berichten deiner Eltern, aus Familienanekdoten und aus deiner eigenen Rekonstruktion dieses Tages zusammensetzen. Du kennst deine Eltern gut genug, um dir vorstellen zu können, was dieser Tag für sie bedeutete. Welche Rolle spielte deine Geburt für die Eltern? Warst du das erste Kind, so dass die Situation für deine Eltern völlig neu war? Warst du ein mittleres oder das letzte Kind? Warst du ein Wunschkind oder bist du ungeplant gezeugt worden? Und wie war die Lebenssituation deiner Eltern zur Zeit deiner Geburt? Lebten sie zusammen? Waren sie verheiratet? Bist du unehelich geboren? Wie war die berufliche Situation deines Vaters? War deine Mutter vor deiner Geburt berufstätig? Welche Erfahrungen brachten beide Eltern mit? Wie waren sie selbst aufgewachsen? Hatten sie kompetente Eltern, die mit einer gewissen Sicherheit im Leben standen und wussten, was ein Baby in den ersten Lebensjahren braucht? Mit wieviel Sicherheit oder Unsicherheit begegneten deine Eltern dieser Situation? Wollten sie gern Eltern sein? Welche Hoffnungen oder Befürchtungen verbanden sie mit deiner Geburt? Welche Veränderungen brachte dieses Kind in ihr Leben? Welche Fragen stellten sie sich? Welche Unsicherheiten ergaben sich aus dieser neuen Situation? Konnten deine Eltern den Tag deiner Geburt genießen? Waren sie bereit, sich überraschen zu lassen von dem Geschlecht des Kindes, von seinem Temperament, von seinen spezifischen Begabungen, von seinem Aussehen? Hatte diese Geburt eine zusätzliche psychologische Bedeutung? Solltest du ein Kind ersetzen, das gestorben war? Solltest du die Beziehung festigen oder die Wünsche der Großeltern befriedigen? Solltest du es im Leben einmal besser machen, als es deine Eltern konnten? Wie war die Atmosphäre an diesem wichtigen Tag?

Du kannst auch an die Zeitumstände zurückdenken. Wurdest du nachts oder am Tag geboren? An welchem Wochentag? In welcher Jahreszeit? Wie war die politische und ökonomische Situation zu diesem Zeitpunkt? Und wo wurdest du geboren? Zu Hause oder in einer Klinik? War dein Vater bei deiner Geburt dabei? Wie verlief die Geburt? War es eine einfache und schnelle Geburt? Gab es medizinische Komplikationen? Und welche Gefühle vermutest du bei Mutter und Vater, als sie dich zum ersten Mal sahen? Als sie dich zum ersten Mal berührten und umarmten? Dein Körper erinnert sich an diese ersten Berührungen durch deine Eltern. Kannst du dir vorstellen, welche Qualität dieser erste Körperkontakt hatte?

Beschreibe den Tag deiner Geburt aus der Perspektive deines Vaters oder deiner Mutter. Überlege dir gut, wer von beiden sich an deine Geburt erinnern soll. Lass Vater oder Mutter aus ihrer Sicht, d. h. in der ersten Person Einzahl sprechen. Achte darauf, dass nicht nur der äußere Ablauf geschildert wird, sondern auch die Atmosphäre dieses Tages und die innere Welt deiner Eltern. Versuche, deine Geburtsgeschichte so abzufassen, dass dein Start ins Leben möglichst plastisch gezeichnet wird. Vielleicht kannst du hier schon Themen, Wünsche und Bedürfnisse erkennen, die ein Präludium für dein späteres Leben sind. Hier ist die Ursprungssituation, sowohl für deine Ressourcen, als auch für die Herausforderungen, mit denen du dich später auseinandersetzen musstest. Deine Eltern gaben dir etwas Wichtiges auf deinen Lebensweg mit, ganz unabhängig davon, wie kompetent sie zu dieser Zeit waren. Worin bestand das? Schreibe diese Geburtsgeschichte möglichst zügig und ohne Pause nieder. Eine Seite ist genug, zwei Seiten sind die Obergrenze. Lass dir eine Viertelstunde Zeit dafür. Vertrau auf deine Intuition und die Einfälle, die dir beim Schreiben kommen.

Auswertung

Bei dieser delikaten Erinnerung ist es angemessen, wenn die Teilnehmer in Paaren zusammenkommen, um sich ihre Texte vorzulesen und einen ersten Reaktionsaustausch zu haben. Im Plenum können dann folgende Fragen für die Auswertung anregend sein:

- Habe ich Vater oder Mutter ausgewählt? Warum?
- Fiel es mir leicht, mich in Vater oder Mutter hineinzuversetzen?
- Welche Überschrift würde ich meiner Geburtsgeschichte geben?
- Habe ich beim Schreiben etwas entdeckt, was neu für mich ist?
- Was ist das Beste und Wertvollste, was ich von beiden Eltern mitbekommen habe?
- Welche Einstellung habe ich im Laufe des Lebens selbst zu Kindern entwickelt?
- Wie würde ich mein eigenes genetisches Potential beschreiben, mit dem ich mein Leben begonnen habe?
- Mit welchen Gefühlen blicke ich auf die Zeit meiner Geburt zurück?

Es war einmal

Was eine Geschichte ist, das wissen wir intuitiv. Als Kinder verschlingen wir sie und können nicht genug davon bekommen. Mythen sind Geschichten, Märchen und Sagen sind Geschichten, dasselbe gilt für Novellen, Filme und Fernsehserien. Aber die Geschichte selbst können wir weder sehen noch hören, wir können sie nicht berühren oder schmecken. Eine Geschichte entsteht in unserem Bewusstsein. Obgleich sie vollkommen „unfassbar" sind, üben Geschichten einen großen Einfluss auf uns aus. Mythen und Geschichten erklären uns, warum wir auf der Welt sind. Die Geschichten von Moses, Jesus, Mohammed und Buddha sagen uns, worauf es ankommt und wie wir leben sollen. Sie haben den Lauf der Weltgeschichte für nahezu 2000 Jahre bestimmt. Familiengeschichten sorgen dafür, dass Überzeugungen und Werte früherer Generationen weitergegeben werden. Und die eigene Biographie kann uns sagen, wer wir sind, und sie kann unserer persönlichen Existenz Wert und Würde geben.

In Mythen und Parabeln, in Familiengeschichten und den unzähligen Geschichten, die die modernen Medien uns erzählen, finden wir die Worte und Bilder fremder Erzähler. Aber wenn es um unser eigenes Leben geht, dann müssen wir uns selbst anstrengen, um unsere Geschichte zu finden. Wir müssen unser Gedächtnis durchforsten und einen Sinn in unseren Erinnerungen finden. Dazu brauchen wir unser Gedächtnis genauso wie unsere Imaginationskraft. Wir suchen einen Zusammenhang und einen roten Faden in dem Rohmaterial unseres Lebens. Um die Geschichte unseres Lebens zu entdecken, brauchen wir eine spezielle Perspektive. Wir müssen wissen, wonach wir suchen.

Welche Charakteristika bilden eine Geschichte? Eine Geschichte ist mehr als ein Handlungsstrang. Eine Geschichte ist eine Erzählung mit Bedeutung, und sie hat einen Anfang, eine Mitte und einen Schluss. Am Ende ist der Held der Geschichte ein anderer Mensch als am Anfang, und zwar nicht nur, weil er älter geworden ist, sondern weil er sich selbst und das Leben anders sieht.

Ganz einfach ausgedrückt, erzählt die Geschichte drei Dinge: was wir wollten, wie wir kämpften und welche Einsicht wir in diesem Kampf entwickelten. Aus unseren Wünschen und Kämpfen entsteht eine Konsequenz, und diese Konsequenz zeigt sich in einer Veränderung der Person. Die Veränderung kann sich aus Ereignissen ergeben, aber es handelt sich immer auch um eine Veränderung unserer Werte und unserer Lebensperspektive. In jeder Geschichte geht es um eine Charakterentwicklung. Der Protagonist der Geschichte wird reifer. Was wir glauben, was wir schätzen und wie wir auf andere reagieren, das verändert sich. Und wenn wir unsere Lebensgeschichte erzählen, dann berichten wir nicht nur über eine Kette von Ereignissen, sondern wir zeigen, was die Ereignisse für uns bedeuten, und wie sie unsere geistige Welt verändert haben. Eine autobiographische Geschichte zählt nicht nur Lebensdaten auf, sondern sie gibt eine Landkarte unserer emotionalen, ethischen und psychologischen Entwicklung. Wenn wir also die Geschichte unseres Lebens erzählen, dann werden wir nicht nur berichten, was in unserem Gedächtnis ist. Eine solche Anhäufung von Fakten wäre langweilig. Wir werden vielmehr versuchen, Wahrheit und Tiefe unseres Lebens zu erfassen.

Anleitung

Als Kinder haben wir Märchen und Sagen gelesen, und wir waren fasziniert von den Helden dieser Geschichten, von der Art und Weise, wie sie mit den Problemen fertig wurden, vor die sie gestellt waren. Wenn wir unsere Lebensgeschichte erzählen, dann müssen wir unsere eigene mythologische Geschichte erfinden. Dabei können wir mit der Form des Märchens experimentieren. Intuitiv wissen wir alle, wie ein Märchen funktioniert, dass es einen Anfang hat, eine Mitte und einen Schluss. Schreibe jetzt bitte dein Leben in der Form eines Märchens auf. Das wird ein Märchen sein, das noch nie erzählt wurde und das inspiriert ist von deinen ganz persönlichen Erlebnissen, von deinen Kämpfen und von deinen Erfahrungen.

Wähle für dieses Märchen eine neue Perspektive, indem du nicht in der Ich-Form schreibst, sondern in der dritten Person. Auf diese Weise kannst du innerlich zurücktreten und die Geschichte deines Lebens aus einigem Abstand betrachten.

Die Geschichte soll formelhaft beginnen. Verwende eine der folgenden Möglichkeiten:

- Es war einmal ein kleines Mädchen, das...
- Es war einmal ein kleiner Junge, der...
- Es war einmal eine Frau, die...
- Es war einmal ein Mann, der...

Deine Geschichte soll nicht länger als eine, höchstens zwei Seiten sein. Es genügt auch, wenn sie nur ein paar Zeilen umfasst, wenn du darin die drei Teile eines typischen Märchens unterbringen kannst:

1. Am Anfang geschieht etwas, so dass der Held/die Heldin ein Bedürfnis bzw. ein Problem hat.
2. Der Held/die Heldin versucht, seinen/ihren Wunsch und sein/ihr Ziel zu realisieren, und daraus entsteht ein Kampf oder ein Konflikt.
3. Am Ende hat sich der Held/die Heldin verändert und eine neue Einsicht gewonnen.

Wenn du dein Märchen schreibst, musst du über diese drei Teile nicht weiter nachdenken. Es reicht fast immer aus, wenn du mit den geflügelten Worten beginnst: „Es war einmal..." Dann entsteht ganz automatisch eine Geschichte. Du kannst es jetzt gleich versuchen und hast dafür eine halbe Stunde Zeit.

Wenn du deine Biographie als Märchen aufgeschrieben hast, kommt der zweite Teil der Übung. Stell dir vor, dass du einen Brief an ein Enkelkind schreibst. Das kann ein Enkelkind sein, das du tatsächlich hast oder das du erfindest. Du kannst den Brief aber auch an irgendein Kind schreiben, das du kennst und gern hast. In diesem Brief sollst du dem Kind mitteilen, was du in deinem Leben bisher gelernt hast. Der Brief soll ganz knapp sein und die wichtigste Einsicht enthalten, die du gefunden hast. Erzähle dem Kind, wie du das Leben siehst und worauf es deiner Meinung nach im Leben ankommt (z. B., dass

Leben Entwicklung bedeutet, dass wir uns verändern, dass wir trotz aller Kämpfe und Konfusionen etwas entdecken, was uns Sicherheit gibt, was uns hilft, uns selbst und diese Welt zu verstehen). Beginne deinen Brief einfach mit üblichen Formel: „Liebe(r)..."

Da dieser Brief ganz kurz sein soll, richte dich auf zehn Minuten Schreibzeit ein.

Wenn du deinen Brief beendet hast, lies ihn noch einmal durch. Lies dann das Märchen noch einmal durch und stelle dir dabei folgende Fragen:

- Enthält das Märchen dieselbe Einsicht, die ich in meinem Brief ausgedrückt habe?
- Wenn das nicht der Fall ist: Welche Geschichte aus meinem Leben passt zu dieser Einsicht?
- Wenn du auf die zweite Frage keine Antwort findest: Welche Einsicht steckt in dem Märchen, das du aufgeschrieben hast?

Sehr häufig zeigen Märchen und Brief dieselbe Einsicht. Wenn du tatsächlich deine Biographie schreiben würdest, dann wirst du sie vermutlich nicht in der Form eines Märchens abfassen, aber du kannst auf diese Weise wertvolles Material entdecken.

Auswertung

Die Teilnehmer können zunächst in Paaren zusammenkommen und ihre Texte vorlesen. Anschließend können einzelne Teilnehmer ihr Märchen oder ihren Brief im Plenum vorlesen.

Für die Besprechung können folgende Fragen anregend sein:

- Welchen Titel könnte ich meinem Märchen geben?
- Welche Einsicht gewinnt der Held/die Heldin meines Märchens?
- Welche Botschaft habe ich für das Kind, dem ich schreibe?
- Was habe ich Neues entdeckt?
- Welche Fragen beschäftigen mich?
- Wie fühle ich mich jetzt?

Die Stimme der Familie

Geschichten werden in allen Familien erzählt. Und auch wenn sie beiläufig und scheinbar naiv erzählt werden, haben sie eine besondere Aufgabe. Die Familie ist unsere erste Kultur, und wie alle Kulturen möchte auch die Familie Werte und Normen vermitteln. Ein wichtiges Mittel sind die immer wieder erzählten Geschichten, die die wichtigsten Regeln mitteilen: Worauf es bei einer Heirat ankommt, wieviel Ärger ausgedrückt werden darf und durch wen, usw. Natürlich geht es bei vielen Geschichten auch darum, dass die Familienmitglieder hören, wodurch sie sich auszeichnen, weshalb sie irgendwie bemerkenswerter sind als die Nachbarn. Dabei geht es in diesen Geschichten nicht in erster Linie um die historische Wahrheit, wichtig ist vielmehr, dass die Vorzüge der Familienmitglieder geschildert werden, so dass der Glaube an die Familie gestärkt wird.

Aber natürlich gibt es auch Geschichten über die Welt draußen. Das sind dann häufig Lehrgeschichten. Sie enthalten Ratschläge, wie man sich in der Welt verhalten soll, z. B. um auf der sozialen Leiter aufzusteigen, um mehr Geld zu verdienen, oder Hinweise, wie das kulturelle Erbe der Familie zu bewahren ist, usw. Und auch wenn die meisten Menschen sich als Individuen verstehen und sich ihre eigenen Ziele im Leben setzen, so bestimmt die Familiengeschichte doch einen großen Teil unserer persönlichen Identität. Auch wenn wir unserer Familie kritisch gegenüberstehen, wir haben ein tiefes Bedürfnis, sie zu kennen, einfach weil sie der Prolog für unser Lebensdrama ist. Und wenn uns unsere Familiengeschichte unbekannt ist, dann empfinden wir Orientierungslosigkeit und Angst. Nur so ist das starke Interesse adoptierter Kinder an ihrer Herkunft zu verstehen. Um sich selbst zu kennen, möchten sie die Geschichte ihrer biologischen Eltern kennen. Auch sie brauchen ihre Familiengeschichte.

Und auch später, wenn wir unsere Kindheitsfamilie schon lange verlassen haben, begleiten uns diese Familiengeschichten. Und bei wichtigen Lebensentscheidungen oder in Übergangssituationen treten wir in einen neuen Dialog mit unserer Familiengeschichte ein. Wir beschäftigen uns mit unseren Vorfahren und besonders mit unseren Großeltern und Urgroßeltern desselben Geschlechtes. Sie dienen uns häufig als Rollenmodell und als Vorbild. Manchmal wissen wir zu wenig von unseren Vorfahren. Dann bleibt uns nichts anderes übrig, als uns auf unsere Intuition zu verlassen und ihr Leben zu rekonstruieren. Auch wenn unsere Eltern und Großeltern schon lange tot sind, versuchen wir, ihre Stimme zu hören und uns mit ihnen zu identifizieren. Manchmal werden wir fündig und entdecken wichtige Dinge. Auf irgendeine geheimnisvolle Weise leben diese Vorfahren in uns, und wir wissen mehr von ihnen, als wir glauben.

Anleitung

Manchmal entdecken wir erst spät, wie wichtig unsere familiären Wurzeln für uns sind. Dann interessieren wir uns nicht nur für Stammbäume und Lebensdaten, sondern haben oft auch den Wunsch, mit Repräsentanten der Familiengeschichte zu sprechen. Wenn Großeltern oder Urgroßeltern allerdings schon tot sind, dann haben wir ein Problem. Wir haben nur Bruchstücke im Gedächtnis, kennen einige Anekdoten, wir erinnern uns an Bemerkungen und historische Details. Um einen Vorfahren besser zu verstehen, bleibt uns dann gar nichts anderes übrig, als unsere Erfindungsgabe zu nutzen. Das ist natürlich keine wissenschaftliche Vorgehensweise, aber die Identifikation mit dem Verstorbenen kann psychologisch sehr befriedigend sein. Wenn wir in der Phantasie die Körperhaltung, die Gestik, die Sprechweise und die Überzeugungen dieser wichtigen Person übernehmen, dann können wir sozusagen in sie hineinschlüpfen und Verständnis für sie entwickeln. Dann können Dinge auftauchen, die wir vorher nicht wussten. Wir hören Worte, die uns überraschen; wir erkennen Dinge, die vollständig neu für uns sind.

Du kannst das gleich probieren, indem du in der Phantasie in den Körper deines Großvater oder deiner Großmutter schlüpfst. Such dir nach Möglichkeit einen gleichgeschlechtlichen Vorfahren aus, der nicht mehr lebt. Stell dir seinen Körper vor, die Kleidung, die er trägt, sieh seinen Körperbau und bemerke, wie sich seine Haut anfühlt. Wie fühlst du dich, wenn du dich mit deinem Großvater/deiner Großmutter identifizierst? Und nun geh aufmerksam durch die Stationen seines/ihres Lebens. Verwende alles, was du weißt und fülle die Lücken, bis du diese Person als alten Menschen triffst. Betrachte ihre alten Hände, berühre sie. Stell dir vor, es wären deine Hände. Spüre die Lebensgeschichte, die sich in diesen Händen ausdrückt. Was bedeutet es, diese Hände zu haben? Bitte deinen Großvater/deine Großmutter, ein paar Worte über seine/ihre Hände zu sagen. Bitte ihn/sie, sich an wichtige Augenblicke seines/ihres Lebens zu erinnern – an seine/ihre Pubertät, an seinen/ihren ersten Job, an seine/ihre Ehe, an Augenblicke der Niederlage und des Triumphes, an seine/ihre Überzeugungen. Frage ihn/sie, welche Weisheit er/sie dir gern übermitteln würde. Begleite ihn/sie bis zum Augenblick seines Todes.

Und nun nimm ein Blatt Papier und schreibe auf, was diese Person dir mitzuteilen hat. Schreibe im Rhythmus ihrer Worte und bediene dich ihrer Art, sich auszudrücken. Deine Hand notiert ganz automatisch, was dein Großvater/deine Großmutter dir mitzuteilen hat. Stell alle deine eigenen Sorgen und Interessen eine Weile zurück und gib dieser Stimme Ausdruck und neues Leben. (15 Minuten)

Auswertung

Lassen Sie die Teilnehmer in Kleingruppen zusammenkommen und ihre Texte einander vorlesen. Danach können einzelne Freiwillige ihre Geschichte im Plenum vortragen. Folgende Fragen können für die Besprechung nützlich sein:

- Welchen Vorfahren habe ich ausgewählt und warum?
- Welche emotionale Parallele zu mir konnte ich entdecken?
- Was konnte ich von dieser Person lernen?
- Auf welche Weise unterscheidet sich mein Leben von ihrem?
- Gibt es ein Vermächtnis für mich aus der Geschichte meiner Familie?

Wenn ich nicht gelebt hätte

Viele Menschen sind der Meinung, dass sie ein durchschnittliches und unbedeutendes Leben führen. Sie halten sich selbst nicht für besonders interessant und bewundern die bedeutenden Zeitgenossen, deren Leben in den Medien ausführlich dargestellt wird. Sie würden nicht auf den Gedanken kommen, ihre eigene Biographie zu schreiben, weil sie glauben, dass sich niemand dafür interessieren würde. Das ist auch aus politischen Gründen bedauerlich. Wir brauchen viele ganz normale Bürger, die stolz sind auf sich und ihr Leben, die wissen, dass sie einen positiven Beitrag für die Welt leisten, die davon überzeugt sind, dass sie gemeinsam mit anderen etwas bewirken können.

Auch aus diesem Grund wollen wir unsere Teilnehmer ermuntern, Geschichten aus ihrem Leben zu erzählen, u. a. auch solche, die zeigen, dass ohne ihre Existenz die Welt anders aussehen würde.

Anleitung

Im Jahr 1946 wurde der Film „It's a wonderful life" mit James Stewart gedreht. Der Film handelt von einem Mann, der im Begriff ist, Selbstmord zu begehen. Gerettet wird er von seinem Schutzengel, der ihm zeigt, wie das Leben verschiedener Menschen verlaufen wäre, wenn es ihn nie gegeben hätte. Langsam erkennt der Held seine eigene Bedeutung.

Und genau darum soll es jetzt gehen. Mach dir bewusst, auf welche Weise dein Leben auf dieser Erde einzelnen Menschen geholfen hat und was du zur Entwicklung der Gesellschaft beigetragen hast. Such dir drei Menschen aus, in deren Leben du eine Rolle gespielt hast. Beschreibe für jeden von ihnen, wie sein Leben verlaufen wäre, wenn es dich nicht gegeben hätte. Konzentriere dich nur auf die positiven Einflüsse, die du gehabt hast. Schreibe im Ganzen nicht mehr als eine Seite.

Auswertung

Lassen Sie möglichst viele Teilnehmer ihre Skizzen im Plenum vortragen. Die Resonanz der gesamten Gruppe ist gut für eine Stärkung des Selbstbewusstseins. Die folgenden Fragen können bei der Besprechung hilfreich sein:

- Worauf bin ich besonders stolz?
- Auf welche Weise stelle ich mein eigenes Licht unter den Scheffel?
- Wie fühlt sich mein Körper an, wenn ich auf mich stolz bin?
- Wie fühlt sich mein Körper an, wenn ich mich selbst kritisiere und mich unzulänglich fühle?
- Wie hat sich meine Stimmung bei dieser Schreibaufgabe entwickelt?
- Welcher Mensch war für mich besonders hilfreich?
- Wofür kann ich dankbar sein?

Mein Elternhaus

Manchmal wollen wir uns an bestimmte Zeiten unseres Lebens erinnern und stellen fest, dass die Pforte zur Erinnerung verschlossen ist oder sich nur einen Spalt breit öffnen lässt. Dieses Schweigen der Erinnerung kann sehr irritierend sein. Eigentlich sind wir überzeugt, dass wir viel mehr aus dieser Lebensphase wissen, aber wir finden keinen Dreh, unsere Erinnerung zum Sprechen zu bringen. Dann können wir verschiedene Katalysatoren nutzen, um Vergessenes zu aktivieren. Sie können diese Hilfsmittel mit großem Gewinn auch bei der Gruppenarbeit einsetzen und die Teilnehmer damit überraschen, wie wirksam jede einzelne Technik sein kann:

- Höre Musik aus der Zeit, an die du dich erinnern willst, und lass dich davon mitreißen.
- Betrachte alte Fotos und bemerke alle Details; Fotos von Gebäuden, Plätzen und Landschaften, Fotos von Personen.
- Besuche den Ort, wo du gelebt hast und, wenn möglich, betritt jene Gebäude, die wichtig für dich waren.
- Besuche deine alte Schule oder deine alte Arbeitsstelle. Bemerke nicht nur die visuellen Details, sondern auch die Gerüche an diesen Plätzen.
- Lies Bücher, die du damals gelesen hast. Besonders Kinderbücher setzen viele Erinnerungen frei.
- Lies alte Zeitungen und Zeitschriften und beachte auch die dort abgedruckte Werbung.
- Sprich mit Familienmitgliedern und alten Freunden. Manchmal erinnern sie sich an Fragmente, die dein Gedächtnis brodeln lassen.
- Berühre alte Kleidungsstücke, alte Gebrauchsgegenstände, überhaupt Objekte jener Zeit, die dich interessiert. Deine Fingerspitzen haben die erstaunliche Fähigkeit, deiner Erinnerung auf die Sprünge zu helfen.

- Nimm Parfums, Blumendüfte, überhaupt alle Gerüche wahr, die du mit dieser besonderen Zeit deines Lebens verbindest. Gestatte deiner Nase, dass sie deine Erinnerungen aktiviert.
- Male Bilder von Plätzen und Personen. Die Bewegung deiner Hand bringt Bewegung in deine Erinnerung.

Anleitung

Manchmal möchten wir uns an Einzelheiten aus unserer Kinderzeit erinnern. Wir können unser Gedächtnis sehr unterstützen, wenn wir den Grundriss der elterlichen Wohnung aufzeichnen. Nimm dir ein großes Stück Papier und zeichne den Grundriss der Wohnung, wo du als Kind gelebt hast, mitsamt der Flure, mit Badezimmer, Schlafzimmer, Küche, Wohnzimmer, Abstellkammer etc. Wenn es einen Vorgarten oder einen Hof gegeben hat, berücksichtige auch sie. Natürlich ist es auch wichtig, dass du dein eigenes Zimmer skizzierst. Wenn es besonders wichtige Möbelstücke gab, kannst du sie ebenfalls einzeichnen. Wenn du deine Skizze fertig hast, dann beschreibe einen imaginären Besuch in der Wohnung deiner Kinderzeit. Wie kommst du zu der Straße, in der das Haus liegt? Musst du eine Treppe zu der Wohnung hinaufgehen? Betritt die Wohnung und geh in den Raum, der dir im Moment am wichtigsten ist. Stell dir vor, wie dieser Raum möbliert ist, wo das Bett steht oder der Tisch, wo der Kamin ist, oder wo ein besonderes Bild hängt. Sei in diesem Raum und bemerke, wie du dich damals als Kind gefühlt hast, wie dein Leben in dieser Wohnung war, wie deine Beziehungen zu den anderen Mitgliedern deiner Familie waren. Wer stand dir damals besonders nahe? Wem konntest du dich anvertrauen? Gab es Familienmitglieder, mit denen du Streit hattest oder die du fürchtetest? Wie war die Atmosphäre dieser Wohnung? Woran freuten sich die Bewohner? Welche Sorgen hatten sie? Überlass dich deinen Einfällen, so wie sie kommen, und skizziere deine Erinnerungen an diese frühe Epoche deines Lebens. Schreibe ein oder zwei Seiten darüber. Lass dir eine halbe Stunde Zeit dafür.

Auswertung

Die Teilnehmer kommen in Paaren zusammen, schauen ihre Grundrisse an und tragen ihre Texte vor. Im Plenum können dann einige Freiwillige ihre Erinnerungen vorlesen. Mögliche Auswertungsfragen:

- Welche Bedeutung hat unser Gedächtnis?
- Warum vergessen wir vieles?
- Was vergessen wir nie?
- Welche Techniken verwende ich, um mein Gedächtnis zu reaktivieren?
- Welche Erinnerungen an meine Kinderzeit stehen im Vordergrund?
- Welches sind meine besten Erinnerungen?
- Was habe ich möglicherweise „verdrängt"?
- Welchen positiven Sinn hat es, dass manche Erinnerungen unterdrückt werden?
- Warum erinnern sich die Familienmitglieder unterschiedlich an dieselben Ereignisse?
- Warum mischen sich in unseren Erinnerungen immer Dichtung und Wahrheit?
- Warum kann es keine objektive Erinnerung geben?
- Welche Bedeutung hat der Tanz von Vergessen und Erinnerung?
- Was habe ich bei meinem Besuch in der alten Wohnung entdeckt?
- Welche Gefühle wurden wach? Waren da auch gemischte Gefühle?
- Was prägte die Familienatmosphäre?
- Was für ein Kind war ich? Extravertiert? Introvertiert? Aktiv? Passiv? Glücklich? Sehnsüchtig?
- Hatte ich einen Platz, wo mich niemand störte?
- Was bedeutet „Wohnung" heute für mich?
- Wo ist heute mein „Zuhause"?

Ereignisse des Tages, Geschichte des Lebens

Eine Geschichte ist wie die Linse einer Kamera oder wie ein Bilderrahmen: Sie zeigt ein Zentrum, sie vereinigt und organisiert verschiedene Bilder oder Vorgänge zu einer gemeinsamen Bedeutung. Ohne Fokus oder Rahmen wären die Ereignisse unverbunden und zufällig. Eine Geschichte stiftet Beziehungen, Verbindungen und Anschlüsse, und darum erzählen wir auch Geschichten, damit das Wesen der Beziehungen deutlich wird. Manche Menschen übersehen, dass es auch in ganz kurzen Augenblicken eine Geschichte gibt, und nicht nur in großen Ereignissen. Jeder von uns lebt eine große Geschichte – seine Lebensgeschichte – in die all die anderen kleineren Geschichten hineinpassen, wie eine russische Puppe in die nächste. Manchmal ergänzen sich diese kleineren Geschichten, manchmal widersprechen sie einander. Trotzdem bilden sie alle gemeinsam die Geschichte unseres Lebens.

Eine Geschichte wird lebendig durch die Details, durch einzelne Einsichten und Assoziationen, die ihr Tiefe geben.

Anleitung

Wenn wir Geschichten schreiben, wenn wir Geschichten aus unserem Leben erzählen, dann kommt es darauf an, dass wir Zusammenhänge entdecken. Manchmal brauchen wir dafür etwas entspannte Ruhe, bis sich uns eine neue Perspektive zeigt, und wir erkennen, wie einzelne Mosaiksteinchen ein Bild formen.

Notiere zunächst vier kleine Ereignisse, die du am heutigen Tag erlebt hast. Und wenn heute ein ruhiger Tag für dich gewesen ist, hast du besonderes Glück, denn dann hast du Gelegenheit zu entdecken, dass auch in ganz unscheinbaren, unspektakulären Ereignissen eine Geschichte steckt…

Lass deine Erinnerung für dich arbeiten und finde für jedes dieser vier Ereignisse weitere drei Vorgänge oder Augenblicke, die damit verbunden sind. Dabei ist es gleichgültig, ob diese assoziierten Vorkommnisse aus der Gegenwart stammen, ob sie in der Zukunft stattfinden werden, ob sie der Vergangenheit angehören oder ob du sie dir frei ausdenkst.

Und nun schreibe drei weitere, ganz zufällige und unbedeutende Vorkommnisse des heutigen Tages auf. Zufällige Beobachtungen, die du heute gemacht, oder Dinge, die du erlebt hast. Verbinde sie mit den vier Ereignissen, die du zuerst aufgeschrieben hast.

Überprüfe jetzt alle diese Ereignisse, Augenblicke und Assoziationen. Kannst du ein Muster entdecken, das einige von ihnen verbindet? Welche Beziehungen kannst du bemerken? Welche Zusammenhänge werden deutlich?

Nun erfinde eine Geschichte. Verwende diese Ereignisse und Verbindungen. Nimm möglichst viel aus deinen Notizen in diese Geschichte auf und mach ein Ganzes daraus. Du hast dafür zwanzig Minuten Zeit.

Erinnere dich jetzt an die erste Schreibaufgabe „Jedes Leben ist eine Geschichte". Dort hattest du die Geschichte deines Lebens in kurzer Zeit aufgeschrieben und sie in fünf Sätzen komprimiert.

Du hast jetzt dreißig Minuten Zeit, um deine Autobiographie etwas ausführlicher aufzuschreiben. Aber diesmal sollst du die Geschichte in der dritten Person schreiben, so als wäre es die Geschichte eines anderen Menschen. Bitte mach dir klar, dass du nicht alles berichten kannst. Du kannst noch nicht einmal alles berücksichtigen, was für dein Leben wichtig war, denn dann brauchtest du Stunden und Tage. (30 Minuten)

Lies dir nun deine Lebensgeschichte noch einmal durch und werde dir klar darüber, für welche Themen du dich entschieden hast. Vielleicht hast du dich für die Chronologie entschieden und hast die Meilensteine deiner Entwicklung und Höhen und Tiefen des Lebens skizziert. Vielleicht hast du dich für die Themen Arbeit und Liebe entschieden und über deine Familie, deine Liebesbeziehungen und Freundschaften, über Schule und Beruf geschrieben. Vielleicht hast du dich entschlossen, nur über eine signifikante Lebenssituation zu schreiben, die ein Symbol für dein ganzes Leben ist. Es gibt unendlich viele Möglichkeiten, wie wir unser Leben betrachten können. Achte auch darauf, ob du das Gefühl hast, dass du etwas Wichtiges ausgelassen hast. Manchmal vermeiden wir einige Bereiche, z. B. Träume, Verletzungen, Sexualität, Politik oder Spiritualität. Mit anderen Worten: Wenn du deine Geschichte ein zweites Mal liest, dann finde die Kategorien heraus, nach denen du die Geschichte deines Lebens organisiert hast. Notiere deine Einsichten in ein paar Sätzen.

Auswertung

Lassen Sie die Teilnehmer Paare bilden. In der ersten Auswertungsrunde soll die Geschichte vorgelesen und besprochen werden, die zu den Alltagssituationen des heutigen Tages aufgeschrieben wurde. (10 Minuten)

Dann sollen noch einmal neue Paare gebildet werden. Diesmal geht es darum, dass die kurze Lebensgeschichte vorgetragen und besprochen wird. Für die Besprechung können folgende Fragen nützlich sein:

- Welcher Titel passt zu meiner Alltagsgeschichte?
- Habe ich beim Schreiben der Alltagsgeschichte irgendetwas Neues über mich entdeckt?
- Welchen Fokus habe ich benutzt, um die verschiedenen Ereignisse zusammenzubinden?
- Welcher Titel würde zu meiner Lebensgeschichte passen?
- Welches organisierende Prinzip habe ich hier angewandt?
- Welche Themen und Kategorien habe ich für meine Lebensgeschichte ausgewählt?
- Kann ich Zusammenhänge oder Muster erkennen?
- Warum ist es wichtig, Fakten und tiefere Bedeutung gemeinsam zu betrachten?
- Kenne ich Menschen, die in den Fakten des Lebens ertrinken?

Die vier Elemente

Hier verwenden wir einen ganz anderen Ansatz, um unserer Lebensgeschichte eine Form zu geben. Wir wählen die vier Elemente als organisierendes Prinzip, um vier verschiedene Biographien aufzuschreiben. In jeder Biographie geht es darum, wie sich unsere Beziehung zu einem der Elemente entwickelt hat und was wir in diesem elementaren Bereich erlebt haben. Das ist eine ungewöhnliche, poetische Vorgehensweise. Am Anfang ist sie vielleicht befremdlich, aber je länger wir mit dieser Perspektive arbeiten, desto interessanteres Material fördern wir zutage.

Anleitung

Erzähle bitte die Geschichte deines Lebens auf eine besondere Weise. Wenn wir über unser Leben nachdenken, dann spielen normalerweise unsere zwischenmenschlichen Beziehungen eine große Rolle: Unsere Eltern und Lehrer, unsere Freunde, die Menschen, die wir leidenschaftlich lieben, unsere Kinder, unsere Kollegen, unsere Mentoren, unsere Rivalen und Gegenspieler. Dabei kommt mit Sicherheit eine Sache zu kurz, nämlich unsere Beziehung zur Natur. Für unsere urzeitlichen Vorfahren waren Feuer, Wasser, Erde und Luft ungeheuer wichtig. Diese Elemente hatten für sie eine ähnliche Bedeutung wie ihre Beziehungen, ja, sie waren sogar heilig, weil sie ihre Lebensgrundlage waren. Wir haben das weitgehend vergessen und betrachten die vier Elemente, die wir vielleicht im Urlaub oder in der Freizeit genießen, im Allgemeinen ohne große Leidenschaft. Manchmal werden wir jedoch daran erinnert, dass in diesen Elementen Mächte stecken, die uns weit überlegen sind, die uns überdauern, die Respekt verdienen, die nicht beherrschbar sind.

Daher sollst du nun vier verschiedene Versionen deiner Lebensgeschichte aufschreiben, und in jeder Biographie soll es darum gehen, wie sich deine Beziehung zu dem betreffenden Element entwickelt hat: Liebst du dieses Element? Fürchtest du es? Kommunizierst du mit diesem Element? Welche signifikanten Ereignisse verbinden sich mit diesem Element? Welche ästhetische Beziehung hast du zu diesem Element? Welche philosophische oder spirituelle Beziehung?

Und diese Betrachtungsweise lädt dich zusätzlich dazu ein, auch die Geschichte deines Körpers zu bedenken, denn dein Körper besteht aus diesen vier Elementen und benötigt sie in jeder Sekunde deiner Existenz. Wenn wir über unsere Lebensgeschichte nachdenken, dann vergessen wir sehr leicht unseren Körper. Das hat gravierende Folgen. Diese Übung erinnert dich daran, dass du eine Einheit aus Körper und Geist bist, und sie macht dich darauf aufmerksam, welche Probleme entstehen, wenn du diesen Zusammenhang vernachlässigst.

Du kannst dir deine Arbeit erleichtern, indem du für jede Biographie eine Liste anlegst, in der wichtige Ereignisse, veränderte Einstellungen, Konflikte und Lösungen aufgezählt werden. Diese Listen können eine gute Vorarbeit sein und eine Materialsammlung, die dir das Schreiben erleichtert. Wenn du eine Biographie abgeschlossen hast, kannst du überlegen, welchen Titel du dafür auswählen möchtest. Lass dir für diese umfangreiche Schreibaufgabe eineinhalb Stunden Zeit.

Auswertung

Bei dieser ungewöhnlichen Aufgabe erscheint es mir am besten, wenn die Auswertung von Anfang an im Plenum erfolgt. Lassen Sie zunächst verschiedene Feuer-Biographien vorlesen, anschließend kann dieser Teil der Arbeit besprochen werden. Dann verfahren Sie in ähnlicher Weise mit den anderen Elementen. Für die Besprechung können folgende Fragen anregend sein:

- Habe ich durch diese Arbeit neue Einsichten oder Fragen im Blick auf meine Lebensgeschichte gewonnen?
- Welches Element erwies sich für mich als besonders provozierend und fruchtbar?
- Wie hat sich meine Beziehung zu den vier Elementen im Laufe des Lebens verändert?

Überleben

Wenn wir schreiben und unsere Lebensgeschichte neu entdecken, dann haben wir immer auch eine Chance, unser Selbst zu stärken. Wir können verborgene Teile unserer Person wiederfinden, wir können unterdrückte Wünsche entdecken, verleugnete Verletzungen betrauern, verzerrte Anschauungen korrigieren und verbotene Wünsche ins Auge fassen. Mit anderen Worten, wir können dafür sorgen, dass unsere Persönlichkeit reicher und vollständiger wird. Wenn wir uns erinnern, dann können wir Material integrieren, das wir vergessen hatten. Wir wissen dann einfach mehr über uns selbst. Aber diese vertiefte Selbsterkenntnis kann auch Konsequenzen haben – sie verändert uns. Wenn wir entdecken, wer wir sind, wenn wir Zugang zu unseren Wünschen bekommen, wenn wir anerzogene Werte in Frage stellen, dann verlieren wir zunächst auch etwas von unserer alten Sicherheit. Wir möchten anders agieren, aber wir wissen noch nicht, welche Konsequenzen das haben wird. Wir spüren den Reiz des Neuen, und zugleich rechnen wir damit, dass wir auf diesem Wege in neue Konflikte geraten.

Die Schreibaufgaben des Kapitels „Jedes Leben ist eine Geschichte" sind zunächst einmal harmlose Übungen, aber sie können zu wirklichen Herausforderungen werden. Wenn wir uns innerlich engagieren, dann können sie für uns Konsequenzen haben.

Bei der hier präsentierten Aufgabe müssen sich die Teilnehmer mit einer imaginären Situation auseinandersetzen, die zunächst ein sehr unbehagliches Gefühl auslösen dürfte. Wer sind wir, wenn uns alles Äußere genommen wird, wenn uns unsere Mobilität genommen wird, wenn uns unsere zwischenmenschlichen Beziehungen gekappt werden? Wer sind wir, wenn unsere Freiheit drastisch eingeschränkt wird, wenn wir nicht mehr in der Lage sind, ein normales Leben zu führen, wenn wir nur noch uns selbst haben?

Anleitung

Wer wir sind, das können wir entdecken, wenn wir die Geschichte unseres Lebens erzählen. Wir können uns dieser Frage jedoch auch auf eine andere Weise annähern. Wir können uns in der Phantasie in eine extreme Situation bringen und uns vorstellen, wie unser Leben dann aussähe.

Stell dir vor, du wärest dazu verurteilt, eine unbestimmte Zeit in Einzelhaft zu verbringen. Du weißt also nicht, wann sich deine Zellentür wieder öffnen und dir die Freiheit zurückgeben wird. Finde heraus, welche Umstände, äußere und psychologische, zu dieser Haft geführt haben...

Stell dir einen Tag vor, den du in einer Isolationszelle verbringst. Beschreibe dein Leben in der kleinsten Einzelheit. Schreibe eine Geschichte, die dein inneres Leben unter diesen Bedingungen zeigt. Was hilft dir zu überleben? Was gibt dir Hoffnung? Was liebst du so sehr, dass Selbstmord keine Versuchung für dich ist?

Vielleicht hast du bereits Gefängnisliteratur gelesen, vielleicht kennst du Berichte aus Konzentrationslagern, die die außerordentliche Fähigkeit einzelner Menschen beschreiben, auch unter derart schrecklichen Bedingungen zu überleben. Manchmal wissen wir nicht, wer wir sind oder wer wir sein können. Erst wenn uns unsere alten Sicherheiten und unser gewohnter Komfort genommen werden, erkennen wir unsere innere Stärke und unser ganzes Potential. Aber ohne dieses Wissen können wir unsere Lebensgeschichte nur unvollständig schreiben. Und erst wenn wir wissen, wie es ist, alles Äußere verloren zu haben, können wir die wichtigste aller Fragen stellen: „Was ist mir wirklich wichtig?"

Manchmal glauben wir, dass wir Menschen verstehen – oder uns selbst – wenn wir ihre Abneigungen kennen, wenn wir wissen, wer ihre Feinde sind oder wogegen sie kämpfen. Aber auf diesem Wege erhalten wir nur unvollständige Antworten. Wenn wir jemanden optimal verstehen wollen, müssen wir wissen, was ihm im Innersten seines Herzens wichtig ist.

Lass dir eine halbe Stunde Zeit, um diesen imaginären Tag in deinem Leben zu beschreiben, und denke daran, auch die Frage zu beantworten, was dir am meisten am Herzen liegt. (30 Minuten)

Nutze nun deine Stimmung und deine geistige Konzentration, um die Liebesfrage noch etwas zu vertiefen. Mach eine Liste und notiere, was dir wirklich wichtig ist. Bedenke, dass es viele Dinge gibt, die wir schätzen und die uns faszinieren, aber es gibt nur sehr wenig, was uns wirklich am Herzen liegt. Und wenn du diese paar Dinge notiert hast, dann verwende sie, um daraus das Porträt eines Menschen zu schaffen. Beschreibe einen Menschen, dessen Person und Leben von diesen Dingen geprägt sind. Lass dir dafür noch einmal eine Viertelstunde Zeit.

Auswertung

Lassen Sie die Teilnehmer in Trios zusammenkommen, ihre Texte vortragen und über ihre Reaktionen sprechen. Trios sind hier gut geeignet, weil sie bei dieser bewegenden Schreibaufgabe einen intimen, aber auch stabilen Rahmen bilden. Für die anschließende Besprechung im Plenum können folgende Fragen hilfreich sein:

- Wie haben sich meine Gefühle im Verlaufe der Arbeit entwickelt?
- Was hat mir am meisten geholfen zu überleben?
- Was ist es, was ich im Leben am stärksten schätze?
- Wie weit drücken sich diese Dinge bisher in meiner Lebenswirklichkeit aus?
- Welche Anregung nehme ich aus dieser Schreibaufgabe mit?

Zufall?

Manchmal wollen wir eine Geschichte erzählen, die mit unserem eigenen Leben gar nichts zu tun hat. Wir möchten uns vielleicht selbst beweisen, dass wir kreativ genug sind, Geschichten ganz frei zu erfinden. In dieser Übung kommen wir diesem Bedürfnis entgegen. Aber vielleicht entdeckt der eine oder andere nachträglich, dass es doch Querverbindungen zum eigenen Leben gibt...

Anleitung

Die Anleitung, die du gleich hören wirst, wird dich vielleicht an ein Kochrezept erinnern. Manchmal ist diese Vorgehensweise entlastend für uns, weil das Einzige, was wir dazu beisteuern müssen, unsere Phantasie ist. Wir müssen uns keine psychologischen Fragen stellen, wir müssen nicht über unser Leben nachdenken. Wir haben die beneidenswerte Aufgabe des dichterischen Schöpfergottes, der spielerisch eine Welt erschafft.

Lass dir eine Minute Zeit, um drei Substantive aufzuschreiben, die dir im Augenblick einfallen. Nimm ganz einfache Wörter, wie z. B.: Messer, Halstuch, Sonne.

Nimm dir nun sieben Minuten Zeit, um eine Landschaft zu beschreiben. Bitte beachte dabei Folgendes: In dieser Landschaft bist du in deinem ganzen Leben noch nicht gewesen. Und in dem Augenblick, den du beschreibst, befinden sich keine Menschen in dieser Landschaft.

Und nun hast du wieder sieben Minuten, um einen Menschen zu beschreiben, der in dieser Landschaft erscheint. Über einen solchen Menschen hast du bisher noch nie geschrieben oder nachgedacht. Beschreibe ihn: sein Aussehen, seine Persönlichkeit, seine Geschichte, sein Temperament usw.

Zuletzt musst du nur noch eine Handlung erfinden. In dieser Handlung müssen die drei Substantive vorkommen, die du zuerst notiert hast. Mach aus der Landschaft, dem Helden und den drei Substantiven eine Geschichte. Lass dir dafür fünfzehn Minuten Zeit.

Auswertung

- Lassen Sie möglichst jeden seine Geschichte im Plenum vorlesen. Für die Besprechung eignen sich folgende Fragen:
- Was hat mir an dieser Schreibaufgabe gefallen?
- Halte ich mich für kreativ?
- Welche Überschrift passt zu meiner Geschichte?
- Was kann mir die Geschichte mit diesem fremden Helden geben?
- Gibt es zuviel Routine in meinem Leben?
- Wovor habe ich am meisten Angst? Was vermeide ich?

Der Ursprung jeder Geschichte ist eine Frage

Wir haben uns daran gewöhnt, unser Wissen als Beweis dafür anzusehen, dass wir die Krone der Schöpfung sind, aber das ist ein Fehler. Was schon unsere Vorfahren in der afrikanischen Steppe auszeichnete, ist unsere Fähigkeit, Fragen zu stellen. Unsere Vorfahren versuchten zu überleben. Sie hatten ein deutliches Gefühl ihrer Gefährdung. Wenn der Jäger das Knacken eines Zweiges hörte, dann war sofort die Frage präsent: Ist das ein Leopard, der mir überlegen ist, so dass ich fliehen muss, oder ist das eine Antilope, die ich selbst jagen kann? Im Laufe der Zeit kamen dann andere Fragen dazu, die schwerer zu beantworten waren: Wie wurde diese Welt geschaffen? Wie müssen wir leben, damit wir die Götter nicht erzürnen? Und auch heute sind wir Wesen, die permanent fragen. Wenn wir aufhören, Fragen zu stellen, dann erstarren wir und verlieren unsere wichtigste menschliche Qualität.

Und jeder, der einigermaßen bewusst lebt, weiß, dass sein Leben von Fragen angetrieben wird. Manchmal ist es eine einzelne Frage, manchmal eine ganze Serie von Fragen. Wir sind auf einer Suche, wir sind neugierig und manchmal von einer Frage sogar besessen. In unseren Fragen lebt das Geheimnis, die Geschichte und der Sinn unseres Lebens.

Jede Geschichte hat im Kern eine Frage, und aus der Frage ergibt sich das Geheimnis innerhalb der Geschichte. Und bei einer guten Geschichte entsteht ein Paradox. Je mehr wir uns in die Geschichte vertiefen, je mehr wir erfahren, je mehr Rätsel gelöst werden, desto tiefer wird das Mysterium der Geschichte. Vielleicht hat eine Geschichte keine andere Funktion, als eine wichtige Frage zu stellen und das Geheimnis zu vertiefen.

Natürlich kann man auch Geschichten erzählen, bei denen wir uns nicht bewusst sind, welche Fragen wir stellen, welche Rätsel unser Leben und Werk prägen. Dann bleibt unsere Geschichte an der Oberfläche. Manchmal sind diese Fragen, die ein Teil unserer Identität und unseres Selbstverständnisses sind, schwer zu formulieren. Sie ergeben sich aus unserer Erfahrung und aus unserem Nachdenken. Und je mehr wir wissen, desto deutlicher wird uns, dass bestimmte Fragen offenbleiben. Manchmal erkennen wir, dass der Sinn unseres Lebens darin besteht, einer Frage auf der Spur zu bleiben, auch wenn wir die Ahnung haben, dass wir nie eine endgültige Antwort bekommen können.

Wenn wir den schwierigen Fragen ausweichen, dann sind wir in der Gefahr, nur Probleme zu lösen und unser Leben durch allzu einfache Erklärungen zu trivialisieren. Die Geschichten, die wir erzählen, werden flach, wenn sie alle Schwierigkeiten lösen, statt die Rätsel des Lebens zu beleuchten. Wir sollten uns davor hüten, die Geheimnisse von Konflikten, von Intimität und Distanz, von Macht und Machtlosigkeit, von Autorität und Rebellion, von Schicksal und freiem Willen scheinbar zu lösen. Für viele Fragen gibt es keine Lösung.

In dieser Schreibaufgabe können die Teilnehmer sich mit einer eigenen, wichtigen Frage beschäftigen und eine Geschichte daraus entwickeln.

Anleitung

Wenn wir eine Geschichte zu einem Thema schreiben sollen, über das wir zu wenig zu wissen glauben, fühlen wir uns inkompetent und unsicher. Dabei geht es beim Erzählen von Geschichten weniger darum, dass wir kompetente Antworten geben, als dass wir interessante Fragen stellen. Und auch im Werk bedeutender Dichter können wir bemerken, dass sie um wenige faszinierende Fragen ringen. Hemmingway war besessen von der Frage: „Wie zeigt sich Heldentum in unserer Zeit?" García Márquez beschäftigt sich mit der Frage: „Was ist ein Diktator?" Und Marguerite Duras geht der Frage nach, wie Leidenschaften und Obsessionen unser Leben bestimmen.

Denke nun darüber nach, was deine eigenen Fragen zur Zeit sind. Was versuchst du zu verstehen? Welche Fragen verfolgen dich? Was ist die wichtigste Frage, der du nachgehst?

Schreibe eine Geschichte, wo es um diese Frage geht. Wähle einen Helden, dessen Leben um diese Frage kreist. Schreib eine Geschichte, wo der Held nichts anderes tut, als Antworten auf diese Frage zu suchen. Übertreibe diese Suche und mach aus deinem Helden einen fanatischen Sucher, einen Abenteurer, der die Antwort mit aller Macht sucht, ohne sie endgültig zu finden. (30 Minuten)

Auswertung

Lassen Sie einzelne Freiwillige ihre Geschichten vorlesen. Für die Besprechung eignen sich folgende Fragen:

- Welche Fragen habe ich mir als Kind gestellt?
- Welches ist die wichtigste Frage, die ich mir zur Zeit stelle?
- Kreist mein Leben schon lange um diese Frage?
- Wie gut kann ich die Unsicherheit aushalten, die sich aus Fragen ergibt, die nicht zu lösen sind?
- Warum sind „offene" Fragen für den Menschen so wichtig?
- Wie sähe die Welt aus, wenn jede Frage klar zu beantworten wäre?
- Welche Frage habe ich mir noch nie gestellt?

Die Lichter gehen aus

Es gibt viele Dinge, vor denen wir Angst haben, weil wir nicht wissen, ob wir genügend Energie und Kreativität mobilisieren könnten, um die Herausforderung zu bestehen. Die größte Angst haben wir vielleicht vor einer Situation, wo „alle Lichter ausgehen", wenn nichts so bleibt, wie wir es kennen. Das kann eine große Katastrophe sein, und letzten Endes wird das unser eigener Tod sein. Und obgleich wir unter solchen Ängsten leiden, haben wir oft Lust auf Abenteuer. Wir möchten etwas erleben, was uns vollkommen unbekannt ist. Wir möchten an unsere Grenzen gehen und, wenn möglich, darüber hinaus. Das ist eine Möglichkeit, wie wir uns lebendig erhalten können, und es ist eine sehr gute Möglichkeit, uns selbst noch besser kennenzulernen. Und Geschichten, die in solchen Grenzsituationen spielen, sind in der Regel für Zuhörer oder Leser spannend und anregend.

Die folgende Schreibaufgabe bringt die Teilnehmer in eine imaginäre Situation, wo sie alle gewohnten Sicherheiten verlieren und wo es nur noch darum geht zu überleben.

Anleitung

Vielleicht denkst du manchmal darüber nach, was du machen würdest, wenn eine richtige Katastrophe über dich hereinbräche. Katastrophen machen unsere tägliche Routine bedeutungslos. Was vorher wichtig war, ist plötzlich nebensächlich. In einer Katastrophe geht es nur noch ums Überleben: Nahrung, Wärme, ein sicherer Platz, wechselseitige Hilfe. Um mit einer solchen Situation fertigzuwerden, müssen wir uns auf das Wesentliche konzentrieren. Wir müssen unterscheiden zwischen dem, was wichtig ist, und dem, was unwichtig ist; wir müssen unseren Willen mobilisieren, unsere Möglichkeiten erkennen; wir dürfen uns nichts vormachen, und wir dürfen uns von unserer Angst nicht lähmen lassen.

Stell dir eine solche Katastrophe vor. Es wird plötzlich dunkel. Einen Augenblick scheint alles stehenzubleiben. Du weißt nicht, was passiert ist; du weißt nicht, was noch passieren wird; du kannst den Platz nicht verlassen, wo du gerade bist, aber wenn das doch möglich ist, dann weißt du nicht, wo du hingehen sollst oder wie du dahin kommen kannst; du erlebst einen richtigen Schock. Was denkst du in einer solchen Situation? Welche Erinnerungen tauchen auf? Was empfindest du?

Finde heraus, was geschehen ist. Zuerst warst du überrascht, aber jetzt weißt du, was passiert ist. Du machst dir keine Illusionen über deine Lage; du bist dir deutlich der Katastrophe bewusst, die plötzlich eingetreten ist und die niemand für möglich gehalten hat. Du entdeckst, dass dieser Augenblick zu deinem Leben passt, auch wenn das keine sehr angenehme Feststellung ist. Lass dir zehn Minuten Zeit und schreibe einen inneren Monolog. Beschreibe, was geschehen ist und was das für dich bedeutet...

Eine solche Katastrophe führt zu einer Konfrontation mit dem Tod. Wie reagierst du auf die Möglichkeit, dass du dieses Ereignis nicht überleben könntest?

Und weil du nicht weißt, ob du überleben wirst, fängst du an, mit deinen Vorfahren, mit den Toten, zu sprechen.

Nimm dir zehn Minuten, um aufzuschreiben, an wen du dich wendest, was du mitteilst, wonach du fragst.

Jetzt hast du dich damit abgefunden, dass die Katastrophe eingetreten ist. Du kennst deine Ressourcen, und auch wenn diese gering sind, bist du entschlossen, sie zu nutzen. Du bist entschlossen, nicht aufzugeben. In dieser extremen Lage zeigst du ein Verhalten, das du nie für möglich gehalten hast. Vielleicht kannst du deine Handlungen selbst akzeptieren, vielleicht verurteilst du sie. Erzähle in einer Geschichte, was passiert, was dich antreibt, was du tust und wie du reagierst, um zu überleben. (15 Minuten)

Es ist noch kein Ende der katastrophalen Situation abzusehen. Sie dauert länger, als du erwartet hast. Du und die anderen Betroffenen, ihr müsst euch darauf einstellen und müsst lernen, damit zu leben. Andere Ereignisse hellen die Lage auf. Am Horizont deutet sich eine

Lösung an. Nimm dir zehn Minuten, um aufzuschreiben, wie die Geschichte weitergeht.

Verarbeite nun das Material, das du bisher aufgeschrieben hast. Schreibe die ganze Geschichte von Anfang an auf und verbinde alle Elemente miteinander, so dass eine neue Geschichte entsteht. Gestatte dir diesmal, über Dinge Bescheid zu wissen, die du vorher nicht bemerkt hast oder nicht wissen konntest. (20 Minuten)

Auswertung

Lassen Sie einzelne Freiwillige ihre letzte Version der Geschichte vorlesen. Für die Besprechung können folgende Fragen wichtig sein:

- Welche Art Katastrophe habe ich mir ausgedacht?
- Welche Gefühle hatte ich unmittelbar nach der Katastrophe?
- Wie bin ich mit meiner Todesangst umgegangen? Worum ging es bei meiner Anrufung der Vorfahren?
- Zu welchen ungewöhnlichen Aktionen habe ich mich entschlossen?
- Welche Tabus und Grenzen habe ich überschritten?
- Welche Lösung habe ich mir für die Katastrophe ausgedacht?
- Welche neuen Seiten habe ich an mir entdeckt?
- Wie reagiere ich gewöhnlich angesichts großer Gefahr?
- Was denke ich über meinen Tod?

Verluste ausgleichen

In fast allen Lebensgeschichten gibt es „Löcher“, die wir als Erwachsene füllen müssen. Manchmal haben wir große Verluste erlitten, z. B. durch eine frühe Scheidung. Die meisten Kinder wachsen dann bei der Mutter auf und vermissen ihren Vater, den sie zu wenig oder gar nicht sehen. Manchmal wird auch der zu frühe Tod von Großeltern als ein herber Verlust empfunden, wenn diese eine enge emotionale Beziehung zu ihrem Enkelkind hatten. Dramatisch kann auch der Tod eines Geschwisterkindes sein, besonders dann, wenn die Eltern über diesen Verlust nicht hinwegkommen. Die betroffenen Kinder haben das Gefühl, dass sie viel weniger geliebt werden als der tote Bruder oder die tote Schwester. Verluste können auch die materielle Lebensbasis betreffen und dramatische Konsequenzen haben. Wenn der Vater seinen Job verliert und es nicht mehr schafft, im Arbeitsleben Fuß zu fassen, dann entsteht in den Kindern leicht ein nagendes Gefühl von Unzulänglichkeit, ganz abgesehen von den realen Konsequenzen.

Neben solchen Verlusten sind viele Kinder Verletzungen ausgesetzt: Alkoholismus eines Elternteils führt in der Regel zu tiefen Enttäuschungen und einem Gefühl der Unsicherheit. Gewalttätige Eltern, das Erlebnis von Inzest oder die Belastungen durch die Rolle des Sündenbocks der Familie, all das kann sich als eine schwere Hypothek im Leben erweisen. Als Erwachsene haben wir es dann schwer, ein ganz normales Leben zu führen. Auch intelligente und begabte Kinder leiden dann später unter dem Gefühl, dass sie ohne die notwendigen Ressourcen mit dem Leben zurechtkommen müssen, dass sie ängstlich und misstrauisch sind und überempfindlich. Sie kommen in Verlegenheit, wenn sie aus ihrem Leben erzählen sollen, weil es den Schatten dunkler Geheimnisse gibt. Oft haben sie den Wunsch, eine „bessere“ Geschichte über sich erzählen zu können.

Bei dieser Übung können die Teilnehmer eine Revision ihrer Lebensgeschichte vornehmen und Personen oder Ereignisse einfügen, die ihrem Leben damals eine Wende zum Besseren gegeben hätten. Auch wenn sie zunächst nur in der Phantasie vorhanden sind, so können diese Ergänzungen später eine wichtige Rolle spielen. Sie können Hoffnung geben, Verletzungen abmildern und die Selbstachtung stärken.

Anleitung

Manchmal haben wir das Gefühl, dass tragische Ereignisse unsere Lebensgeschichte verdüstern. Verluste durch Todesfälle und Scheidungen gehören dazu, aber auch der Verlust der Heimat und Ähnliches mehr. Manchmal sind wir tief verletzt worden, manchmal haben wir als Kind darunter gelitten, dass die Eltern kein Verständnis für uns hatten oder einfach nur keine Zeit. Vielleicht haben wir darunter gelitten, dass wir nur schwer Freunde fanden und dass es keine Erwachsenen gab, die uns zeigten, worauf es ankommt, wenn man erwachsen wird.

Bei dieser Schreibaufgabe kannst du deine Lebensgeschichte so erzählen, dass sie „gut genug" ist. Überprüfe dein Leben. Wenn die Lebensumstände anders gewesen wären, wäre dein Leben dann befriedigender verlaufen? Würdest du dich dann ausgefüllter fühlen? Wärst du dann besser in der Lage, deine Talente und Begabungen zu nutzen? Gibt es irgendeinen Verlust oder eine Verletzung in deinem Leben, die deine Entwicklung behindert? Fehlt irgendetwas in deiner Biographie, so dass du das Gefühl hast, nicht richtig nach vorne schauen zu können? Schreibe eine Geschichte, in der du genau beschreibst, was du verloren hast, was dich verletzt hat, was dir fehlte.

Und dann erfinde ein imaginäres Ereignis oder eine Person, die dir in schweren Zeiten deines Lebens hätte beistehen können, so dass dein Leben sich beträchtlich verändert hätte. Wenn du entdeckst, dass diese imaginären Umstände dir ein Gefühl der Erleichterung und der Hoffnung geben, dann kannst du dir vorstellen, in Zukunft mehr darüber zu schreiben, bis sie dir ganz vertraut erscheinen und ein fester Bestandteil deiner „Erinnerung" werden. (30 Minuten)

Auswertung

Im Anschluss an das Schreiben sollen die Teilnehmer in Paaren zusammenkommen, um über ihre Reaktionen zu sprechen und sich ihre Texte vorzulesen. Hier werden sehr empfindliche Dinge berührt, so dass Intimität und Vertrauen gewährleistet sein müssen.

Im Plenum können einzelne Freiwillige ihre Texte vorlesen. Vielleicht zeigt sich auch, dass Sie diese Thematik mit der ganzen Gruppe noch länger behandeln sollten. Für die Besprechung im Plenum eignen sich folgende Fragen:

- Welche Märchen kenne ich, wo ein Mentor, d. h. irgendein weises und gütiges Wesen, dem Helden bei seinen Schwierigkeiten geholfen hat?
- Was sind die häufigsten Verluste und Verletzungen, die von den Teilnehmern dieser Gruppe erlebt wurden?
- Wie kann man mit solchen Belastungen in seiner Biographie fertig werden?
- Zu welchen Schlussfolgerungen neigen wir, wenn wir als Kinder sehr enttäuscht wurden?
- Was ist die Kehrseite der Medaille?
- Wann können große Belastungen auch zu positiven Konsequenzen führen?
- Bin ich selbst bereit, anderen Menschen gegenüber eine Rolle als Mentor zu übernehmen?
- Habe ich einen Beruf erwählt, der eine solche Mentorenfunktion einschließt?

Dem Schatten eine Stimme geben

Der Teil von uns, von dem wir nichts wissen bzw. nichts wissen wollen, ist unser Schatten. Es ist immer wieder überraschend festzustellen, dass gerade das, was wir nicht wissen, ein überaus fruchtbarer Kern einer Geschichte sein kann. Gerade solche Persönlichkeitsanteile und innere Stimmen, mit denen wir am wenigsten vertraut sind, können uns mit sehr viel Energie beim Schreiben versorgen. Und die Teile unserer Person, die wir gern verleugnen, unsere unterdrückten und verschwiegenen Geschichten, bieten uns vorzügliches Material zum Schreiben.

Jeder von uns wünscht sich manchmal, das dunkle Licht der eigenen Unterwelt näher kennenzulernen. Wir haben eine Ahnung, dass hier ungeahnte Möglichkeiten liegen, wenn wir unsere Scheu und unsere anerzogene Missbilligung überwinden.

Hier können die Teilnehmer die Geschichte von einem „fremden“ Helden erzählen, der so ganz und gar nicht dem idealen Bild eines Helden entspricht. Dabei betreten sie verbotenes Territorium, sie überschreiten die Grenze des guten Geschmacks und begeben sich in den Bezirk der Außenseiter und der Verachteten. Aber gerade dieser Schritt tut dem Philister in uns gut. Wir kommen aus dieser Schattenwelt reifer und toleranter zurück.

Anleitung

Der Schatten, das ist der dunkelste Teil unseres Selbst, jener Teil, der uns am fremdesten ist. Zu einem Teil möchte unser Schatten unerkannt bleiben. Und die Begegnung mit dem Schatten ist auch nur etwas für Erwachsene, die den Wunsch haben, sich selbst umfassender zu verstehen. Wer seinen Schatten treffen will, der muss bereit sein, ins Dunkel zu gehen, und er muss sich auf Überraschungen gefasst machen. Als Erwachsene haben wir vielleicht sogar die Aufgabe, unseren Schatten kennenzulernen. Wenn wir uns nie für unseren Schatten interessieren, dann gehen wir das Risiko ein, dass uns der

Schatten eines Tages überrascht und uns zu Handlungen verführt, die wir später bereuen.

Wenn du neugierig bist auf deinen Schatten, dann ist es am besten, wenn du dich ihm vorsichtig und respektvoll näherst. Das Schreiben gibt dir Gelegenheit, eine Balance zwischen Disziplin und Grenzüberschreitung einzuhalten.

Stell dir vor, es gäbe eine extreme Persönlichkeit, die eine Geschichte zu erzählen hätte, die eigentlich nicht erzählt werden kann oder darf. Und stell dir auch vor, dass jeder von uns eine Geschichte in sich hat, die wir bisher nicht erzählen konnten, dass es auch in jedem von uns eine extreme Persönlichkeit gibt, die von der Gesellschaft gefürchtet oder verachtet wird, weil sie so ganz anders ist: Ein Mörder, ein Sexualverbrecher, ein Bettler, ein Verrückter, ein Drogensüchtiger, ein Fundamentalist, ein Schizophrener, der glaubt, Jesus Christus zu sein, ein Verräter, ein „Psycho", der die Toten sehen kann. Finde diese Stimme, schreibe ihre Geschichte auf und notiere, was dir in den Sinn kommt. Auch wenn von dieser Stimme „unpassende" Worte kommen, schreibe sie auf. Sei nicht überrascht, wenn du diese Stimme bisher nie deutlich gehört hast. Steig tief hinab in die dunklen Tiefen deiner Phantasie, um dieses Wesen zu finden, das sich so lange nicht äußern durfte. Diese extreme Stimme darf gehört werden. Lass sie sprechen und schreibe ihre Geschichte auf. Dabei ist es nicht entscheidend, dass deine Geschichte dir sehr geordnet vorkommt. Ungewöhnliche Stimmen führen zu ungewöhnlichen Geschichten. (30 Minuten)

Auswertung

Lassen Sie möglichst viele Freiwillige ihre Geschichte vorlesen, und drücken Sie ihre Anerkennung aus, dass sich die Gruppe auf eine so delikate Aufgabe eingelassen hat.

Für die Auswertung eignen sich folgende Fragen:

- Wie habe ich mich gefühlt, als ich die Schreibaufgabe hörte?
- Wie groß ist das Spektrum der Antihelden, die von der Gruppe ausgewählt wurden?
- Wann habe ich zuletzt etwas gedacht oder getan, womit ich nie gerechnet hätte?

- Inwieweit bedeutet der persönliche Schatten etwas Negatives?
- Inwiefern beinhaltet der Schatten auch Positives und Lebenserhaltendes?
- Welchen Zusammenhang gibt es zwischen den Werten einer Kultur und dem persönlichen Schatten des Einzelnen?
- Welche Haltung hat die Religion im Blick auf den Schatten?
- Warum erscheint uns der Himmel manchmal so steril und die Hölle so lebendig?
- Wie gefällt mir die Geschichte, die ich geschrieben habe? Was ist neu daran?
- Welcher Aspekt meines Schattens ist mir durch das Schreiben bewusster geworden?

Den Schatten weiter erforschen

In dieser Übung können die Teilnehmer sich noch weiter mit dem eigenen Schatten konfrontieren. Sie können sich klar machen, welche Einstellungen und Verhaltensweisen ihnen fremd vorkommen, was sie ablehnen oder verachten. Gleichzeitig können sie versuchen einzusehen, dass diese unangenehmen Teile auch zu ihnen gehören. Das ist ein schwieriger Schritt, der unserem Bedürfnis nach Ordnung widerspricht. Anzuerkennen, dass eine Sache, die uns fremd ist, gleichzeitig ein Teil unserer Persönlichkeit sein soll, ist ein schwieriger Schritt. Aber es ist eine Art Friedensangebot an den Schatten, der sich leichter zeigt, wenn wir ihm mit Respekt begegnen.

Anleitung

Wenn du deinen Schatten kennenlernen willst, dann kannst du mit den folgenden Fragen beginnen. Deine Antworten markieren die Landschaft der Seele, in der dein Schatten wohnt.

Welche Eigenschaften oder Merkmale anderer Personen erscheinen dir fremd, weil du sie an dir selbst nicht beobachtet hast? Wenn du sie aufschreibst, dann versuche, kein Urteil abzugeben. Geh ganz spontan und intuitiv vor. Notiere vor allem solche Dinge, die du ablehnst, die dir Unbehagen bereiten, die du in deinem eigenen Leben vermeiden möchtest. Und wenn du fünf bis zehn solcher Qualitäten notiert hast, dann kannst du dir vorstellen, dass alle diese Qualitäten einen seelischen Bezirk bezeichnen, den du ablehnst und den du vermeiden möchtest. Erfinde eine Geschichte über diesen Bezirk deiner Aversion. Du kannst dir vorstellen, dass deine ganze Seelenlandschaft in zwei Länder aufgeteilt ist: In dem einen Land herrscht das Gute und Wünschenswerte, in dem anderen Land herrscht das Böse und Gefährliche. Lass deine Geschichte in diesem zweiten Land spielen und dieses Land erforschen.

Du kannst dir noch einige weitere Fragen stellen, um dieses unbekannte Land näher in den Blick zu fassen:

- Glaubst du, dass es Menschen gibt, die dich hassen?
- Welches sind deine hartnäckigsten Vorurteile?
- Für welche soziale Gruppe hast du die geringste Sympathie?
- Welche Menschen bringen dich in Rage?
- Auf welche Menschen schaust du herab?
- Wofür hast du überhaupt kein Verständnis?
- Was würde dich am meisten demütigen?
- Was dürfte man nie zu dir sagen?
- Welche Handlung könntest du dir selbst nie verzeihen?

  (20 Minuten)

Nun erinnere dich an eine Zeit in deinem Leben, zu der du ein besonders starkes Gefühl der Ablehnung gespürt hast. Vielleicht hast du damals Hass empfunden, Hass auf Menschen, die etwas völlig Inakzeptables gesagt oder getan hatten. Aber es kann auch sein, dass deine gefühlsmäßige Reaktion Angst war oder Abscheu und Ekel. Jeder von uns reagiert anders, wenn er etwas erlebt, was ihm unerträglich zu sein scheint. Einige hassen, andere empfinden Angst, einige fühlen Wut und andere Ekel. Schreibe einen kurzen Monolog, der deine Gedanken und Gefühle in dieser bestimmten Situation ausdrückt. Beschreibe die emotionale Barriere, die du aufbaust zwischen dir selbst und der Welt, in der etwas geschieht, was für dich absolut inakzeptabel ist, weil es dein Gefühl für Gerechtigkeit, Anstand und alles, was dir heilig ist, verletzt. (15 Minuten)

Und nun kannst du versuchen, deinem Schatten eine Gestalt zu geben. Erfinde eine Person, die verkörpert, was du ablehnst. Gib ihr einen Namen, einen Charakter, eine Geschichte. Gestatte diesem Menschen hervorzukommen. Gib ihm ein eigenes Leben. Finde möglichst viel heraus über diese Person: wo sie lebt, wie sie sich kleidet, was sie ist, was sie denkt, was sie weiß, was sie wünscht, wovon sie träumt.

Dann berichte in deiner Geschichte, wie du diese Person triffst. Zeige, wie sich die Beziehung zwischen euch entwickelt. Vielleicht entwickelt ihr Verständnis füreinander, vielleicht bleibt ihr einander fremd. Versuche, möglichst ehrlich zu schreiben, und höre auf deine

Gefühle. Und auch wenn du deinen Schatten besser kennenlernen möchtest, geh in dieser Geschichte nur so weit, wie du mit innerer Überzeugung gehen kannst. (30 Minuten)

Auswertung

Lassen Sie einzelne Freiwillige ihre letzte Geschichte vorlesen. Die folgenden Fragen können für die Besprechung hilfreich sein:

- Wieweit konnte ich mir gestatten, meine eigenen Vorurteile und Tabus zu betrachten?
- Bin ich mir über die Quelle meiner Vorurteile im Klaren?
- Welche psychologische und soziale Funktion haben Vorurteile?
- Inwieweit behindern mich meine Vorurteile privat und beruflich?
- Wie würde sich mein Leben ändern, wenn ich das eine oder andere Vorurteil aufgäbe?
- Wann habe ich das letzte Mal ein Vorurteil revidiert?

Bemerkungen

Sie können der Beschäftigung mit dem Schatten auch eine kreative und in der Regel sehr anregende Wendung geben, indem Sie die Teilnehmer auffordern, eine Geschichte aufzuschreiben, die eine faustdicke Lüge über sie enthält. Und vielleicht enthält diese Lüge wieder das gesuchte Körnchen Wahrheit.

Liebes- und Ehegeschichten

In vielen Familien werden auch Geschichten erzählt, die davon berichten, wie einzelne Paare zusammengekommen sind und welchen Verlauf ihre Ehe dann genommen hat. Manche dieser Geschichten haben einen kräftigen, dramatischen Akzent, besonders wenn es um Ehebruch, Alkoholismus oder das plötzliche Verschwinden eines Partners geht. Aber diese Geschichten werden nicht nur erzählt, um die Neugier zu befriedigen, sondern um die Stabilität der Familie zu sichern. Alles Verhalten, das die Stabilität der Familie bedroht, wird in solchen Geschichten gebrandmarkt. Liebe, wenn sie zu leidenschaftlich und zu unkontrolliert ist, ungezügelte Sexualität und illegitime Nachkommen, all das wird in vielen Familien als gefährlich betrachtet. Und auch wenn wir heute das individuelle Recht auf eine glückliche Liebesbeziehung für selbstverständlich halten: Jede neue Ehe ist eine Familienangelegenheit. Und bewusst oder unbewusst bemühen sich die Familienmitglieder, dem neuen Paar die passenden Instruktionen zu geben. Ein klassisches Thema, das fast schon ein Klischee ist, hat mit Liebe und Geld zu tun. In den Familiengeschichten erscheinen beide Motive oft verbunden, und fast immer wird erzählt, wie fatal es sich auswirkt, wenn ein Partner zu wenig Geld verdient, zu verschwenderisch ist oder nicht den richtigen Erwerbssinn hat. Ein anderes Thema hat mit Leidenschaft zu tun. Oft wird berichtet, wie eine leidenschaftliche Liebe in Hass umschlägt und zur Scheidung oder zur Flucht eines Partners führt bzw. zum Verlust des Familienvermögens. Nur wenige Geschichten preisen die Vorzüge der romantischen Liebe.

Es gibt noch ein drittes Motiv, das vor allem indirekt zum Ausdruck gebracht wird, und das sind Warnungen vor der Ehe. In diesem Fall haben die Eltern den unbewussten Wunsch, der Status quo möge erhalten bleiben. Die Eltern bleiben die Eltern, und die Kinder bleiben die Kinder. In diesem Falle dienen die in der Familie erzählten Geschichten dazu, die Unsicherheit der Kinder zu schüren, so dass sie entweder gar nicht heiraten oder ihre Ehen fehlschlagen. Wenn sich das von Generation zu Generation wiederholt, dann können wir schon von einer Art Familienfluch sprechen, der für jede neue Generation eine schwere Hypothek bedeutet. Kinder und Kindeskinder zweifeln an ihrer Kompetenz, spontane Liebe und eine stabile Ehe miteinander zu verbinden.

Und wenn eine neue Ehe geschlossen werden soll, dann gibt es an der Oberfläche natürlich Freude und Begeisterung, aber darunter gibt es tiefe Ambivalenzen. Das neue Paar freut sich auf das große Abenteuer eines neuen Lebens, die Eltern sind stolz, dass sie ihren Job so gut gemacht haben, dass ihr Kind bereit ist zu heiraten. Aber es gibt auch ein tiefes Bedauern und Zweifel, weil die neue Ehe unweigerlich dazu führt, dass das Gleichgewicht in der Familie, Loyalitäten und Verpflichtungen verändert werden. Ganz zu Recht befürchten vor allem die Mütter, dass sie ihre Söhne „verlieren" werden. Weil die Familienkultur überwiegend von den Frauen bestimmt wird, kommt es in den meisten Fällen dazu, dass die Söhne stärker in die Familie der Braut integriert werden. Darum ist die Heirat eines Sohnes oft der Beginn einer dramatischen Veränderung in seiner Kindheitsfamilie. Die Spannung zwischen der Freude, dass die Kinder heiraten, einerseits und dem Widerstand gegen die Veränderung andererseits zeigt sich in vielen Geschichten und Anekdoten, die sich über die neuen Verwandten lustig machen. Besonders die Schwiegermütter genießen in unserer Kultur keinen besonders guten Ruf.

Die größten Schwierigkeiten hat das neue Paar jedoch selbst, weil es mit drei Familien zu tun hat: Mit den Ursprungsfamilien jedes Partners und der eigenen neuen Familie. Und schon nach kurzer Zeit ist das Paar mit Problemen konfrontiert, die sich niemand hätte träumen lassen. Beide entdecken, dass Blut dicker ist als Wasser, d. h. jeder verbleibt im psychologischen Einfluss seines alten Familiensystems. Die größte Schwierigkeit besteht darin, dass die neue Familie aus völlig fremden Personen besteht, die ganz unterschiedliche Normen und Werte mitbringen. Wir heiraten Menschen, die nicht zu unserer Familie gehören, und wir müssen eine neue Familienkultur etablieren mit eigenen Geschichten, passenden Helden und Ritualen.

Darum sind Liebesgeschichten so verbreitet. Im Blick auf die neue Familie haben sie dieselbe Funktion wie die Schöpfungsmythen für die ganze Zivilisation. Die Geschichte, wie Vater und Mutter zusammengekommen sind, erzählt, wie diese Familie angefangen hat. Es ist sozusagen die erste Erinnerung der neuen Familie, die große psychologische Bedeutung hat für die Kinder, die damals noch gar nicht geboren waren. Wenn eine Familie gegründet und eine neue Familienkultur geschaffen wird, die eine ganze Generation überdauern soll, dann ist das eine schwere Aufgabe. Dann ist es hilfreich, wenn diese Liebesgeschichte so überzeugend ist, dass alle Beteiligten glauben, dass hier ein gutes Schicksal mitgewirkt hat.

Anleitung

Wenn in einer Familie überhaupt Familiengeschichten erzählt werden, dann finden sich darunter auch Liebesgeschichten. Es wird erzählt, wie sich einzelne Paare kennengelernt haben, wie sie miteinander ausgekommen sind, wie lange die Ehe gedauert hat und was die spezifischen Stärken und Schwächen in dieser Verbindung waren. Auch solche Liebesgeschichten haben ein didaktisches Element. Sie sollen den Kindern Werte vermitteln und sie indirekt darauf aufmerksam machen, worauf sie bei der Partnerwahl zu achten haben. Dabei geht jede Familie von den Erfahrungen aus, die in mehreren Generationen gemacht worden sind, und übermittelt die Schlussfolgerungen, die daraus gezogen wurden.

Manchmal liegt in diesen Geschichten eine gewisse Weisheit, aber häufig enthalten sie auch Vorurteile, die in eine veränderte kulturelle Landschaft nicht mehr so recht passen. Wir tun gut, wenn wir diese Geschichten sehr aufmerksam hören. Und auch, wenn wir ihnen kritisch begegnen, ist es nicht leicht für uns, die darin zum Ausdruck gebrachte Perspektive zu relativieren. Vielleicht sagen wir stillschweigend: „So könnte es uns auch gehen.“ Vielleicht fassen wir den kühnen Entschluss, selbst ganz anders vorzugehen und Fehler der älteren Generation nicht zu wiederholen. Dann entdecken wir nach einigen Jahren, dass wir in ähnlichen Schwierigkeiten stecken wie unsere Eltern oder Großeltern.

Am besten ist es, wenn wir die Liebes- und Ehegeschichten der Familie respektvoll und ohne Besserwisserei anhören. Die Wahl eines passenden Partners und die Gründung einer Familie, die den Belastungen des Alltags standhält, ist für jede Generation schwierig. Dieses Vorhaben testet unsere besten Qualitäten, aber dieses Abenteuer ist gleichzeitig einer der wenigen Erfolg versprechenden Wege, wirklich erwachsen zu werden.

Erinnere dich an verschiedene Liebes- und Ehegeschichten aus deiner Familie. Berücksichtige auch die Generationen vor deinen Eltern und die Geschichten, die du von Onkeln und Tanten kennst. Schreibe zunächst drei dieser Geschichten auf, die dir spontan einfallen und komprimiere sie, so dass du für jede Geschichte nicht mehr als fünf Sätze brauchst. Versuche, diese Geschichten so zu erzählen, wie du sie gehört hast. Lass nichts aus und füge nichts hinzu. (15 Minuten)

Und nun kannst du dich mit jener Liebesgeschichte beschäftigen, der du deinen eigenen Ursprung verdankst. Erinnere dich zunächst daran, was du darüber gehört hast, wie deine Eltern sich kennengelernt haben, wie sie sich ineinander verliebt haben. Wahrscheinlich haben deine Eltern dir selbst einiges vom Anfang ihrer Beziehung erzählt, vielleicht hast du aber auch andere Quellen gehabt, die dir einen Einblick gaben. Du sollst nachher eine Geschichte über den Beginn dieser Beziehung schreiben, und diesmal kannst du mit deiner Intuition arbeiten, um Lücken zu füllen. Versuche, dich mit Vater und Mutter zu identifizieren. Stell sie dir vor, wie sie damals aussahen, als sie sich kennenlernten. Stell dir vor, wie sie gekleidet waren, wie sie sich bewegten, wie ihr Gesichtsausdruck war, wie ihre Stimmen klangen. Wie fühlst du dich, wenn du dich mit deiner Mutter oder deinem Vater identifizierst? Gehe ganz behutsam durch jene Stationen ihres Lebens, die vor ihrem ersten Kennenlernen lagen. Verwende alles, was du weißt, und fülle die Lücken. Spüre die Lebensgeschichte jedes Elternteils. In welcher Situation kamen sie zusammen? Was waren ihre Hoffnungen und Wünsche? Wer ergriff die Initiative? Wie reagierte der andere Partner? Erfolgte der Beschluss zur Verlobung oder zur

Heirat? Und wenn sie nicht heirateten, welche Pläne hatten sie dann für ihre Beziehung? Welche Einstellung hatten beide zur Liebe, zu Kindern und zur Gründung einer Familie? Welche Träume hatten Vater und Mutter im Blick auf ihr Leben? Wenn du an irgendeiner Stelle steckenbleibst, dann kannst du dir vorstellen, dass du die Hände von Vater oder Mutter berührst und sie fragst. Bitte sie, ein paar Worte über sich zu sagen, so dass du sie besser verstehen kannst.

Entscheide selbst über die zeitlichen Grenzen dieser Geschichte des Kennenlernens. Stelle aber alles zurück, was du über den späteren Verlauf dieser Beziehung weißt. Betrachte den Anfang dieser Beziehung möglichst objektiv, sei nicht parteiisch zu Gunsten deiner Mutter oder deines Vaters. Versuche, nicht nur die Äußerlichkeiten zu berücksichtigen, auch wenn die Zeitumstände wichtig sind. Versuche, das Wunder zu beschreiben, das immer geschieht, wenn zwei Menschen sich so nahe kommen, dass sie voneinander fasziniert sind, und so weit gehen, dass sich diese Liebe später in einem Kind manifestiert. Bitte bedenke, dass du mit dieser Geschichte auch etwas für dich selber tust. Was du hier aufschreibst, ist dein ganz persönlicher Schöpfungsmythos. Es ist eine einzigartige Gelegenheit, die Voraussetzung deiner eigenen Existenz zu verstehen. Lass dir für diese Aufgabe 30 Minuten Zeit.

Auswertung

Zunächst sollen die Teilnehmer in Paaren zusammenkommen und über ihre Reaktionen auf diese Schreibaufgabe sprechen, bzw. sich ihre Texte vorlesen. Dann sollen möglichst viele Geschichten im Plenum vorgetragen werden. Gerade hier ist es bedeutsam, die Vielfalt dieser Geschichten zu erleben. Das unterstreicht indirekt die Möglichkeit, bei der eigenen Lebensgestaltung neue Wege einzuschlagen. Für die Auswertung können folgende Fragen nützlich sein:

- Was war schwieriger für mich – die Identifikation mit meinem Vater oder mit meiner Mutter?
- Ist mir irgendetwas Neues bewusst geworden?
- Was ist für mich persönlich am wertvollsten an der Liebesgeschichte meiner Eltern? Was möchte ich nicht übernehmen?

- Welche Botschaften enthielten jene Ehegeschichten der Familie, die ich am Anfang notiert habe?
- Welche Einstellung habe ich selbst im Blick auf Liebe, Ehe und Kinder entwickelt?
- Wie denke ich über meine eigene Partnerschaftskompetenz?
- Fühle ich mich im Berufsleben sicherer?
- Welche Fragen sind durch diese Schreibaufgabe in mir entstanden?

Liebe auf den ersten Blick

Früher hatten die Familien das Recht und die Aufgabe, geeignete Partner auszuwählen und zusammenzubringen. Heute entscheiden wir selbst, wen wir lieben und heiraten wollen.

In manchen Familiengeschichten gibt es das Motiv der Liebe auf den ersten Blick. Nicht immer wird akribisch danach gefragt, ob die Liebe tatsächlich so blitzartig begann, aber eine solche Geschichte erfüllt eine wichtige Funktion. Sie gibt der Beziehung eine spezifische Würde, denn romantische Liebe entzieht sich der Analyse und individuellen Kontrolle. Niemand kann sich vornehmen, sich zu verlieben. Die Liebe kommt wie von einer höheren Macht geschickt. Wenn wir dem Ruf der Liebe folgen, dann handeln wir vielleicht gegen die Wünsche unserer Familie, aber dieser Verstoß wird abgemildert, weil wir sozusagen einer höheren Autorität folgen und nicht, weil wir es an dem geforderten Respekt fehlen lassen.

Anleitung

Wir alle wissen, wie schwierig es ist, einen Partner zu finden, mit dem wir so harmonieren, so dass wir das Wagnis der Ehe eingehen wollen. Jeder kennt zahllose Geschichten von gescheiterten Beziehungen, von dem Leiden der Partner, die die Beziehung eigentlich fortsetzen wollten, und von den Schwierigkeiten, die für die Kinder entstehen. Heute hat ein Umdenken stattgefunden. Die Auflösung einer schwierigen Ehe hat oft höhere seelische und soziale Kosten, als der Aufwand, der notwendig ist, diese Beziehung zu verbessern.

Wir stecken voller kultureller Klischees, die von der Krankheit der Familie berichten und die erotische Freiheit des Einzelnen als Heilmittel preisen. Das alles führt dazu, dass viele Menschen pessimistisch gestimmt sind und sich entschließen, als Single zu leben. Sie haben den Glauben verloren, dass die Liebe eine göttliche Macht ist und Wunder bewirken kann. Weil es so wenig Erfolgsgeschichten von dauerhafter Liebe gibt, können wir versuchen, diese Lücke zu füllen.

Erfinde eine Geschichte über die Liebe auf den ersten Blick. Entscheide, wer von den beiden als erster sich verliebt oder ob die Stimme der Liebe gleichzeitig von beiden gehört wird. Schreibe deine Geschichte so, dass man nicht sagen kann, wer der Held dieser Geschichte ist. Verteile deine Sympathien gerecht und statte die Beziehung mit solchen Qualitäten aus, dass genügend Ressourcen da sind für eine langfristige Beziehung. Wenn du willst, kannst du der Umwelt die Rolle der Opposition geben, damit die Geschichte nicht langweilig wird. Außerdem ist das psychologisch plausibel, weil eine „feindselige" Umwelt die Liebenden noch stärker miteinander verbindet. Beschreibe, was die beiden Liebenden anzieht. Vermeide eine Konstellation, wo die Liebe nur die Funktion hat, über die persönlichen Defizite hinwegzutrösten. Gib dieser Liebe die Kraft echter Begeisterung und Bewunderung.

Besonders interessant ist diese Aufgabe dann, wenn du selbst nicht an die Liebe auf den ersten Blick glaubst. So kannst du das tun, was jeder Autor immer wieder macht, nämlich etwas Neues schaffen. Lass dir eine halbe Stunde Zeit, um deine Geschichte aufzuschreiben.

Auswertung

Lassen Sie zunächst verschiedene Freiwillige ihre Geschichte vorlesen. Für die Auswertung eigenen sich folgende Fragen:

- Glaube ich persönlich an die Liebe auf den ersten Blick?
- Gibt es für die Liebe auf den ersten Blick eine Tradition in meiner Familie?
- Brauche ich selbst verhältnismäßig lange, um herauszufinden, dass ich jemanden liebe?
- Warum haben so viele Menschen Angst vor der Liebe?
- Welche Risiken entstehen, wenn wir die Spontaneität unserer Liebe kontrollieren?
- Warum gibt es in unserer Kultur so viele tragische Darstellungen der Liebe?

Die Reise des Helden

Die Stimme von Märchen und Mythen

Es war einmal... Das sind keine alltäglichen Worte. Das ist eine Beschwörungsformel, die uns in eine andere Wirklichkeit bringt. Es war einmal... bedeutet, dass es vor langer, langer Zeit geschah. Es geschah vor so langer Zeit, dass es in einer Welt geschah, in der ewige Gesetze Gültigkeit hatten. Die Wesen in diesen Geschichten waren ganz außergewöhnlich, aber das, was ihnen passierte, das kann auch uns passieren. Es war einmal... trifft auch auf unser eigenes Leben zu. „Es war einmal ein König und eine Königin...", „und er musste Vater und Mutter verlassen..." Wir spüren, dass wir selbst damit gemeint sind. Wenn wir das hören, können wir uns leicht identifizieren, weil wir spüren, dass auch wir auf einer Reise sind. Schon die ersten Worte, die ein Märchen, eine Sage, eine Legende einleiten, machen uns klar, dass wir keine historischen Informationen bekommen, sondern dass wir in eine andere Welt transportiert werden. Irgendetwas Geheimnisvolles geschieht in uns. Wir kommen innerlich zur Ruhe, wir hören aufmerksam zu. Wir erwarten etwas Bekanntes, eine Geschichte, die uns gut tut, aber zusätzlich zu dem, was wir erwarten und kennen, ahnen wir, dass wir etwas Neues entdecken, dass eine Wahrheit enthüllt wird, die uns verändert.

In früheren Zeiten hatten Märchen und Sagen die Aufgabe, den Kindern die Welt zu erklären, das Zusammenwirken der Menschen mit den höheren Mächten. Aus ihnen sollten die Kinder lernen, die Ordnung der Welt zu verstehen. Hier wurden die Grundlagen für jene Weisheit gelegt, die später im Leben des Erwachsenen vertieft werden sollte. Diese Geschichten waren viel mehr als Unterhaltung. Sie zeigten, worauf es im Leben ankam, und sie schenkten den Zuhörern einen gewissen Optimismus, denn sie enthielten die „Wahrheit". Jeder möchte wissen, was im Leben auf ihn zukommt, und Märchen und Mythen schildern das, was wir Menschen erwarten können. Wir möchten wissen, wie dunkel es im tiefen Wald ist, weil wir ahnen, dass wir ebenfalls irgendwann in diese Dunkelheit geraten; wir möchten hören, wie hoch die Berge sind, weil wir wissen, dass wir im Leben irgendwann klettern müssen; wir möchten wissen, wie liebevoll oder wie grausam Erwachsene, wie wohlwollend oder unberechenbar Autoritäten sein können, weil wir davon ausgehen, dass uns diese Verhaltensweisen im Leben immer wieder begegnen werden; und natürlich möchten wir auch immer wieder hören, dass auch wir in unserem Leben Geheimnissen begegnen, dass wir von höheren Mächten begleitet werden, dass auch wir uns in unserem Leben so verzaubern lassen können, wie wir es in diesen Geschichten erleben.

Zuerst hören wir Märchen und Geschichten von Tieren, Waisenkindern und Hexen, Zauberern, gütigen Königen und Prinzessinnen, ehrlichen Leuten und Hochstaplern. Wir wissen, dass dies alles Wesen sind, die uns auch im Leben begegnen können. Aber wenn wir Sagen und Mythen hören, dann werden die Dinge komplizierter. Wir wissen nicht genau, ob die sechs Schwäne oder zwölf Raben Tiere sind oder die verlorenen Brüder oder womöglich göttliche Geister. Und wenn wir in der Odyssee lesen, dann wissen wir, dass die Göttin Athena, die Odysseus leitet und schützt, keine historische Figur ist. Sie ist eine Göttin, eine Verkörperung jener höheren Mächte, die die Entwicklung des Menschen begleiten. Die Götter der Mythen führen über das Land der Märchen hinaus in den Bezirk des Heiligen. Wir können sie erst verstehen, wenn wir das tun, was auch die Helden in den Erzählungen machen, wenn wir uns mit ihnen unterhalten. Mythen und Sagen zeigen uns nicht nur, wie wir uns im Alltag verhalten sollen, sie machen uns mit den Geheimnissen unserer Psyche vertraut, sie helfen uns, reifer zu werden, Mitgefühl zu entwickeln, unsere Schwächen zu verstehen und Verantwortung zu übernehmen.

Anleitung

Denke bitte zurück an deine Kinderzeit, als du von Märchen und Sagen in das Land der Phantasie geführt wurdest. Was hat dich für diese Geschichten begeistert? Und wenn du diese Geschichten gehört hast, hast du sie dann als Material verwendet, um dir eigene Geschichten auszudenken? Hast du die Rolle der Prinzessin oder des Prinzen gespielt? Hast du dir in deinen Tagträumen wunderbare Geschichten ausgedacht, in denen der Held in die Welt hinauszieht, mit finsteren Mächten kämpft und nicht weiß, ob er sein Ziel erreichen kann? Hast du deinem Helden nicht nur Feinde gegeben, sondern auch Helfer und Verbündete, die ihm erklären, was er wissen muss, die ihm Mut machen und ihn unterstützen, z. B. mit einem Zauberschwert oder mit einer Tarnkappe? Was haben deine Helden in ihrem Kampf gewonnen? Was haben sie von ihrer Reise mitgebracht? Haben sie einen Schatz gewonnen oder die Hand der Königstochter? Haben sie Weisheit gefunden oder Liebe? Haben sie sich mit ihren Eltern versöhnt oder mit ihren Feinden? Und wie gingen deine Geschichten aus? Was taten deine Helden, wenn sie von ihrer Reise zurückgekehrt waren?...

Versetze dich wieder in deine Kinderzeit. Stell dir vor, dass du ein Kind bist, das über eine lebendige Phantasie verfügt und dass gern Geschichten hört. Erzähle dir selbst die wunderbare Geschichte, die das Kind in dir hören möchte. Erinnere dich daran, dass dieses Kind in dir unendlich neugierig ist und viele Wünsche hat. Es ist zur Hälfte Realist und kennt schon viele Schwierigkeiten, die in der wirklichen Welt vorkommen, aber zur Hälfte ist das Kind in dir noch bereit, an Wunder zu glauben. Es kann sich gut vorstellen, dass eine Tarnkappe unsichtbar macht, dass ein Zauberspruch einen Feind in ein harmloses Tier verwandeln kann und dass der Tod rückgängig gemacht werden kann. Aber vor allem ist das Kind in dir unendlich optimistisch. Es ist davon überzeugt, dass eine Geschichte gut ausgeht und dass der Held am Ende glücklicher und reifer ist als zu Beginn. Schreibe so eine wunderbare Geschichte auf und statte sie mit allen Erlebnissen und Ereignissen aus, die du dir als Kind erträumt hättest. Und wenn du dir deine Geschichte nachher selbst vorliest, dann soll sie so sein, dass das Kind in dir strahlende Augen bekommt und fasziniert und entzückt die Geschichte hört. (30 Minuten)

Auswertung

Lassen Sie möglichst viele Teilnehmer ihre erfundene Geschichte vorlesen. Die folgenden Fragen können die Auswertung anregen:

- Fiel es mir leicht, die emotionale Perspektive eines Kindes einzunehmen?
- Für welchen Helden habe ich mich entschieden? Für ein Kind, für einen jungen Erwachsenen?
- Mit welchen Problemen musste sich mein Held auseinandersetzen?
- Habe ich meinem Helden einen Mentor gegeben?
- Welche Hilfen bekam mein Held sonst noch?
- Worin bestand die größte Gefahr für meinen Helden?
- Wie hat er seine Prüfung bestanden?
- Was hat mein Held gewonnen?
- Welcher Titel passt zu meiner Geschichte?
- Welche Bedürfnisse eines Kindes werden von meiner Geschichte angesprochen?
- Gibt es in meiner Geschichte Themen, die auch in meinem Leben als Erwachsener eine Rolle spielen?
- Warum glauben Menschen an Wunder?
- Wie sehe ich den Zusammenhang zwischen Märchen und Sagen einerseits und unserem spirituellem Leben andererseits?
- Welche „höheren Mächte“ sind für mich bedeutsam?
- Woran glaube ich? Woran zweifle ich?
- In welchen Situationen bin ich dem Geheimnis der Welt nahe?

Ein göttlicher Verbündeter

In Mythen und Sagen bekommt der Held häufig die Unterstützung eines mächtigen Verbündeten. Mit dessen Hilfe kann er seine schwierige Aufgabe erfüllen, die ihn sonst überfordern würde. Ein besonders prominentes Beispiel bietet uns die Odyssee. Sie erzählt uns, wie ein menschliches Leben aussieht, das eine enge Verbindung zu einer Macht hat, die jenseits der menschlichen Realität ist. Odysseus erhält die Unterstützung der Göttin Athena. Dem Publikum wird Odysseus immer wieder als ein vielseitiger Tatmensch vorgestellt, mit großem Potential. Er hat alles in der Welt gesehen, ist mit allen Wassern gewaschen, er wird mit schwierigsten Situationen fertig und hat einen scharfen Intellekt, der alles verstehen kann. Bis heute fasziniert uns Odysseus, der in gewisser Weise der erste moderne Held der Geschichte ist. Aber seine Geschichte hat einen Haken, der bereits mit dem Namen des Helden angedeutet wird. Odysseus bedeutet auf altgriechisch nämlich Missgeschick, Kummer oder Rastlosigkeit. Auf seinen Reisen begegnet Odysseus allen möglichen archetypischen Mächten. Es beginnt mit dem in der Höhle wohnenden Zyklopen und endet bei der Muse Nausikaa, die ihn auf der Insel der Phäaken rettet. Auf den ersten Blick kann man die Odyssee wie einen Abenteuerroman lesen, in dem der Held eine unverwüstliche Kraft zeigt, immer wieder zu überleben, indem er sich anpasst und auch die schwierigsten Umstände zu nutzen versteht. Seine Risikobereitschaft, seine Zähigkeit, sein Wille helfen Odysseus. Er wird angetrieben von seiner unersättlichen Neugier. Seine Spontaneität, verbunden mit einer gewissen Portion Arroganz, erregt immer wieder den Zorn der göttlichen Mächte. Aber Odysseus versteht es, seine Fehler kreativ zu nutzen. Jedes Abenteuer führt ihn gleichzeitig nach innen und bringt ihn dazu, sich selbst besser kennenzulernen. Besonders in der Begegnung mit den weiblichen Archetypen, mit Circe, Kalypso und mit Nausikaa, entdeckt der Held seine eigene weibliche Seite. Erst diese Erweiterung seiner Persönlichkeit ermöglicht seine psychologische

Wiedergeburt und den Beginn eines neuen, weniger heldenhaften und bescheideneren Lebens. Diese große Verwandlung wäre unmöglich ohne die Unterstützung seiner göttlichen Freundin Athena. Athena ist die Beschützerin der Helden und Abenteurer, die ihr Potential ausleben und bereit sind, alle Grenzen zu überschreiten. Interessanterweise zeigt die Odyssee, dass auch diese göttliche Macht in einer Entwicklung steckt. Athene entwickelt sich von der archaischen Beschützerin der Krieger zu einer Göttin der Weisheit, der Kultur und der Zivilisation. Von der Schutzgöttin der kriegerischen Abenteurer entwickelt sie sich zu einer göttlichen Quelle der Inspiration, die Odysseus hilft, seine Persönlichkeit zu verfeinern und zu vertiefen und sozusagen ein neuer Mensch zu werden. Erst als er sich grundlegend gewandelt hat, kann Odysseus nach Hause zurückkehren und seiner Frau und der Göttin Athena ein reifer Partner sein.

Odysseus hat große Sehnsucht nach seiner Heimat. Um diese Heimat geht es von Anfang an. Zu Beginn ist sie von seinen Rivalen belagert, die allzu gern den verschwundenen Helden beerben würden. Und Odysseus größte Aufgabe ist es, in seiner Heimat wieder für zivilisierte Verhältnisse zu sorgen. Aber ehe er das tun kann, muss er auf seine große Reise der Selbstentdeckung gehen, denn jener Odysseus, der Troja verlässt, wäre ein ungeeigneter Kriegsheimkehrer. Er muss seine kriegerische Haltung ablegen, seine Arroganz, seine Gier; er muss erst seine eigene weibliche Seite entdecken. Darum muss ihn Zeus zehn Tage lang über das Meer treiben lassen, bis er zum Land der Lotophagen gelangt. Und erst zehn Jahre später wird er die Küste von Ithaka erreichen. In dieser langen Zeit trifft er keine Menschenseele, nur Monster, Nymphen und elfenhafte Wesen. Diese zehn Jahre sind sein langer Weg nach innen, um sich selbst zu entdecken. Die Nymphen sind seine Seelenführer bei dieser langen Initiation. In der Begegnung mit den drei Nymphen Circe, Kalypso und Nausikaa lernt Odysseus Respekt vor den weiblichen Mächten.

Gleich zu Beginn der Odyssee begegnet uns Athena. Im Rat der Götter zeigt sie Mitgefühl für Odysseus. Sie rühmt seine Klugheit und die Opfer, die er beim Kampf um Troja gebracht hat, sie weist Zeus und die anderen olympischen Götter darauf hin, in welchen Schwierigkeiten Odysseus jetzt steckt. Beinahe zwanzig Jahre hat er seine Heimat nicht gesehen. Die ersten zehn Jahre hat er um Troja gekämpft, dann ist er von Abenteuer zu Abenteuer geeilt. Er hat ein Jahr bei Circe verbracht, um dann auf der Insel von Kalypso zu stranden. Hier ist er gefangen und weiß nicht, wie es mit ihm weitergehen soll. Athene weist darauf hin, dass Odysseus genug ertragen hat und dass jetzt die Zeit gekommen ist und die Götter ihm helfen müssen, nach Hause zurückzukehren. Athenes Fürsprache weckt das Mitgefühl der Götter. Gemeinsam beschließt der Rat der Götter, die Heimkehr des sehnsüchtigen Helden in die Wege zu leiten. Und so verdankt Odysseus seine Heimkehr Athene, seiner göttlichen Beschützerin und Inspirationsquelle. Erst durch das Mitgefühl und die Treue Athenes kann er seine Irrfahrten und seinen zehnjährigen Lernprozess beenden. Athene versteht ihren Schützling, und sie weiß, dass er herangereift ist und dass er nun das menschliche Format hat, geläutert in die Heimat zurückzukehren.

Anleitung

Wir alle haben tief in uns eine Stimme, die uns inspiriert, die uns Mut macht, die uns auf unserem Weg durch das Leben begleitet. Diese Stimme werden manche vielleicht Gott nennen, manche ziehen es vor, von innerer Weisheit zu sprechen. Diese innere Stimme übernimmt die Aufgabe, die die Göttin Athene für ihren Schützling Odysseus wahrgenommen hat. Sie macht uns darauf aufmerksam, welche Stärken und Schwächen wir haben; sie weist uns auf notwendige Veränderungen hin, auf Dinge, von denen wir uns verabschieden müssen, und auf neue Möglichkeiten, die wir realisieren können. Das Entscheidende an dieser inneren Stimme ist das Wohlwollen auf der einen Seite und die göttliche Perspektive auf der anderen Seite. Diese Stimme der Weisheit sieht unser Leben aus einer höheren Warte. Sie respektiert unsere Anstrengungen, und sie schätzt unsere Bereitschaft, reifer und verantwortungsvoller zu werden. Sie schätzt unsere Bescheidenheit und das Mitgefühl, das wir nicht nur für uns selbst kultivieren.

Stell dir vor, dass du in dir einen solchen göttlichen Freund hast, wie ihn Odysseus in Athene gefunden hat. Es handelt sich dabei um eine höhere Macht, die du spüren kannst, von der du dich geliebt fühlst und verstanden. Sie muss nicht zu den bekannten Göttern gehören, du kannst ihr einen Namen geben, der zu deinem Empfinden passt. Vielleicht stellst du dir eine männliche oder eine weibliche Stimme vor, vielleicht soll diese höhere Macht beide Geschlechter in sich vereinen. Entscheidend ist, dass du dich von dieser Stimme verstanden fühlst und davon überzeugt bist, dass sie dein Bestes will.

Und dann stell dir vor, dass dieser Beschützer im Rat der Götter sitzt und über dein Leben spricht. Er tritt als Fürsprecher für dich auf und macht eine Bestandsaufnahme deines Lebens. Er skizziert deine gegenwärtigen Lebensumstände, deine Stärken und Schwächen, deine Möglichkeiten und deine Schwierigkeiten. Dein Beschützer spricht auch darüber, woher du kommst und wohin du gehst, und ganz besonders beschäftigt er sich mit jener symbolischen Insel, auf der du gefangen bist, und mit deinen Blockaden. Er deutet an, was dir helfen könnte, deine Bestimmung, dein „Ithaka" zu erreichen. Und wenn du dich im Augenblick nicht blockiert fühlst, dann kann dein Fürsprecher sich darauf konzentrieren, in welcher Phase deines Lebens du dich gerade befindest, was alt ist und was neu in deinem Leben, und was deine Veränderung und deine Entwicklung unterstützen könnte.

Bitte denke daran, dass diese innere Stimme immer hilfreich und bestärkend ist. Wenn du selbst dazu neigst, dich überkritisch zu sehen, wenn du pessimistisch bist oder deprimiert, dann achte darauf, dass dein göttlicher Fürsprecher diese Perspektive nicht teilt. Dein innerer Fürsprecher hat die Aufgabe, deine Lebensweise wohlwollend zu kommentieren und dir zu helfen, deinen inneren Kompass zu spüren oder zu entdecken.

Schreibe nun die Rede auf, die dein Fürsprecher im Kreise der Götter hält. Und während du diese Stimme zu Papier bringst, denke daran, dass es eine höhere Macht ist, die da spricht. Lass diese Stimme Bilder und Symbole verwenden, die zu ihr passen. Lass sie mit Autorität sprechen und allem Wohlwollen, das du verdienst. Erzähle von deinem Leben in der dritten Person: „Ich will jetzt über meinen Schützling Wolfgang sprechen. Er ist ein bemerkenswerter Mensch mit vielen seltenen Gaben..." Lass dir für diese Aufgabe 30 Minuten Zeit.

Auswertung

Lassen Sie zunächst die Teilnehmer in kleinen Gruppen zusammenkommen, mit drei bis fünf Mitgliedern. Jede Kleingruppe bildet symbolisch einen Rat der Götter. Nacheinander wird jeder seinen inneren Verbündeten verkörpern und seinen Text vorlesen oder seine Rede frei vortragen mit passender Stimme und Gestik. Die anderen „Götter" hören aufmerksam zu und können dann eigene hilfreiche und verständnisvolle Gedanken und Vorschläge hinzufügen.

Wenn jeder „Gott" gesprochen hat, folgt eine zweite Runde, und jeder „Gott" spricht noch einmal zwei Minuten über seinen Schützling, indem er eine Zusammenfassung vom Lebensweg und den nächsten Schritten gibt. Am Ende kann sich jeder „Gott" bedanken für die Unterstützung durch die anderen Mitglieder des Götterrates.

Für die abschließende Diskussion können folgende Fragen nützlich sein:

- Glaubte ich als Kind an eine höhere Macht, die mich leitet?
- Wie hat sich mein Verständnis eines solchen inneren Bundesgenossen entwickelt?
- Wie habe ich mich gefühlt, als ich diese „göttliche" Rede aufschrieb?
- Fiel es mir schwer, mein eigenes Leben aus einer „göttlichen" Perspektive zu betrachten?
- Was ist der Schwerpunkt meiner gegenwärtigen Lebenssituation?
- Was will ich aufgeben, womit möchte ich neu beginnen?
- In welche Richtung möchte ich meine Schritte lenken?
- Hat mein Leben ein großes Ziel?
- Worin sehe ich mein persönliches „Ithaka"?
- Wie weit habe ich als Frau meine männliche Seite entwickelt?
- Wie weit habe ich als Mann meine weibliche Seite entwickelt?

Verstehen

Wenn wir uns längere Zeit mit Märchen und Mythen beschäftigen, dann geben wir unserem Unbewussten zu erkennen, dass wir an der besonderen Bilder- und Symbolwelt solcher Geschichten interessiert sind. Wir geben zu erkennen, dass wir nicht nur schnelle Antworten auf unsere Probleme finden wollen, wie wir sie vielleicht durch psychologische Analyse gewinnen könnten, sondern wir sind bereit, uns selbst und unser Leben im Stil dieser alten Erzählungen zu betrachten. Märchen haben einen besonderen Vorzug: Sie bringen uns die Wahrheiten des Lebens auf eine sanfte Art und Weise bei, und zwar auch dann, wenn einzelne Aktionen im Märchen uns vielleicht grausam und krass erscheinen. Die sanfte Pädagogik der Märchen entsteht vor allem dadurch, dass sie uns gefühlsmäßig in unsere Kinderzeit zurückversetzt. Dadurch entsteht in uns eine Art geschützter Raum, und wir sind voller Optimismus, dass alles, was wir hören, Bestandteil einer geordneten, sinnvollen Welt ist.

Wenn wir uns selbst besser verstehen wollen, dann sollten wir uns selbst eine Geschichte erzählen. Oft können wir danach unser Leben besser verstehen.

Anleitung

Such dir irgendeine Situation deines Lebens aus, die du nicht genau verstehst. Vielleicht möchtest du wissen, warum du dir immer wieder Partner aussuchst, mit denen es nicht klappt; vielleicht möchtest du wissen, warum es dir schwer fällt, vernünftig mit Geld umzugehen; vielleicht möchtest du verstehen, warum du davor zurückschreckst, dir eine neue Tätigkeit zu suchen, die dir mehr Befriedigung gibt. Nimm diese Situation, die dir Schwierigkeiten bereitet und erzähle sie, als ob es ein Märchen wäre. Es ist nicht notwendig, dass du von Anfang an weißt, was in diesem Märchen geschieht. Beginne einfach, so wie Märchen immer anfangen: „Es war einmal..." Stelle einfach den Helden des Märchens vor und dann lass dir Schritt für Schritt einfallen, welche anderen Wesen in dem Märchen einen Platz finden sollen und wie sich die Dinge entwickeln. Lass dich von deiner Intuition überraschen, die dir eine poetische Antwort auf deine Fragen geben kann. (30 Minuten)

Auswertung

Lassen Sie die Teilnehmer in Paaren zusammenkommen, ihre Märchen vorlesen und sich darüber austauschen, welche neuen Einsichten sie gewinnen konnten. Es ist nicht nötig, dass sie eine vollständige Antwort erhalten. Vielleicht ändert sich vor allem ihr Blickwinkel und die gefühlsmäßige Einstellung zu ihrer Schwierigkeit.

Anschließend können einige Freiwillige ihr Märchen im Plenum vortragen. Folgende Fragen sind für die Besprechung nützlich:

- Zu welcher Frage habe ich Hinweise gesucht?
- Welche Antworten hat mir mein Märchen gegeben?
- Wer ist der Held/die Heldin in meinem Märchen?
- Was lernt mein Märchenheld?
- Hat er/sie Verbündete?
- Welche Krise muss er bestehen?
- War es mir möglich, spontan ein Märchen zu erfinden?
- Fürchte ich Spontaneität und Chaos?
- Fürchte ich Kontrolle und Planung?
- Wie entwickelt man Weisheit?

Eine andere Welt betreten

Mythen helfen uns, unser Leben und die Welt tiefer zu verstehen. Die Welt des Mythos fordert uns auf, unser kleines Ego zu verlassen und unsere Seele und unsere Bestimmung in der Welt zu finden. Im Mythos sind die Götter präsent, entweder direkt oder hinter einem Schleier. Darum überschreitet das Land der Mythen die Psychologie, und wir richten unseren Blick auf den Kosmos. Der Mythos verbindet unsere individuelle Lebensgeschichte mit der Geschichte der Welt. Jede Kultur hat das Bedürfnis, Mythen zu schaffen, die Menschheit und Welt verbinden und unserer Existenz einen Sinn geben.

Aber Mythen führen uns noch weiter, sie führen uns in das Reich der Götter. Wenn wir autobiographische Geschichten erzählen, dann versuchen wir, unseren Lebensweg und unsere Persönlichkeitsentwicklung zu verstehen. Der Mythos aber hilft uns, unser individuelles Leben mit der gesamten Geschichte des Universums zu verbinden. Er gibt unserem Leben einen großen Rahmen, indem er es in das große Drama zwischen Himmel und Hölle stellt. Der Mythos betont den Unterschied zwischen Menschenwelt und göttlicher Welt. Am Anfang verlieren Adam und Eva ihre Unschuld. Sie werden aus dem Paradies des ewigen Lebens vertrieben, aber sie und ihre Nachkommen behalten die Sehnsucht nach dem Göttlichen, und der Mythos zeigt, unter welchen Bedingungen diese Sehnsucht verwirklicht werden kann. Heute neigen wir dazu, die Weisheit der Mythen zu bezweifeln. Wir versuchen, sie als Erfindung des Menschen zu verharmlosen. Gleichwohl zweifeln wir immer wieder an unserem Zweifel und müssen mit der Unsicherheit leben, dass wir nie genau sagen können, ob das Heilige eine Erfindung des Menschen ist oder eine Offenbarung. Wahrscheinlich werden wir unsere typisch moderne und ambivalente Beziehung zum Mythos behalten, aber wir können unsere poetische Phantasie einsetzen, um uns trotz dieser Schwierigkeiten mit dem Mythos zu beschäftigen, denn der Mythos bietet uns Symbole an, für die es keinen Ersatz gibt. Die alttestamentarische Geschichte vom Auszug aus Ägypten beschreibt, wie die Israeliten aus der Unterdrückung ausbrechen und sich auf die Reise ins Gelobte Land machen. Damit können wir uns leicht identifizieren, denn jeder hat ähnliche Wünsche, seine individuelle Einschränkung zu überwinden und in das Land der Hoffnung und der Erfüllung zu ziehen. Ägypten zu verlassen, ist der Wunsch unserer Seele, und wir müssen es immer und immer wieder tun. Die Notwendigkeit von Wachstum, Veränderung und Verwandlung ist tief in uns eingeprägt.

Anleitung

Manchmal beneiden wir die Schamanen, die mit Tieren und Bäumen sprechen, in das Reich ihrer Vorfahren reisen oder sich mit den Göttern unterhalten können. Wir bewundern die Dichter und Mystiker, die mit der Göttin Athene oder mit dem heiligen Franziskus sprechen können. Wir beneiden diese Naivität oder diese Kreativität, die Dinge sieht, die unserem rationalen Zugriff verschlossen sind. Aber vielleicht können wir unsere typisch westliche Einschränkung überwinden und ebenfalls in Bereiche aufbrechen, die jenseits unseres Verstandes liegen.

Es gab einmal eine Zeit, als du diese Welten kanntest. Erinnerst du dich daran? Wenn du willst, kannst du versuchen, eine solche andere Realität zu betreten. Stell dir tief in Deinem Innern eine Tür vor, durch die du gehen kannst, um in eine Phantasiewelt zu gelangen, die von ganz fremden Lebewesen bevölkert wird. Vielleicht findest du Wesen, die im Laufe der Evolution untergegangen sind; vielleicht triffst du auf archaische Götter oder mythische Helden. Stell dir diese Welt vor und begib dich dann auf eine Reise durch diese Welt. Unterhalte dich mit diesen fremden Kreaturen und versuche etwas von ihnen zu lernen. Versuche ihre Erlebnisweise zu verstehen, ihre Gesetze, ihre Gewohnheiten. Sei bereit, Anregungen von ihnen aufzunehmen und Wissen, das du in deinen Alltag mitnehmen kannst. (20 Minuten)

Auswertung

Lassen Sie möglichst viele Freiwillige ihren Text vorlesen. Folgende Fragen können die Auswertung anregen:

- Welche „andere Welt“ habe ich mir vorgestellt?
- Welche Wesen habe ich dort getroffen?
- Was in dieser fremden Welt war mir vertraut?
- Was war ganz anders?
- Was bringe ich aus dieser fremden Welt Wertvolles zurück?
- Worauf müsste ich verzichten, wenn ich längere Zeit in dieser fremden Welt leben würde?
- Was würde ich gewinnen?

Schöpfungsmythen

In allen Kulturen gibt es Schöpfungsmythen, und viele dieser Geschichten ähneln einander. Es scheint bei allen Menschen ein gemeinsames Bedürfnis zu bestehen, die Geschichte des Anfangs unserer Welt zu erzählen.

Anleitung

Erinnere dich an alles, was du in deinem Leben über die Entstehung des Kosmos, über die Entstehung der Sonne und unseres Planeten gehört hast... Erinnere dich an die biblische Geschichte, an Mythen und an wissenschaftliche Untersuchungen... Dann stell dir vor, dass es irgendein Kind gibt, dein eigenes oder ein fremdes, das du gern hast und dem du erzählen möchtest, wie die Welt entstanden ist. Du kannst dieses Material, das du in deinem Gedächtnis aufbewahrst, verwenden, aber du kannst auch kreative Veränderungen vornehmen. Du könntest z. B. auf den Gedanken kommen, dass es nicht nur einen einzigen Gott gab, der alles geschaffen hat, sondern du könntest mit zwei Göttern beginnen, und du könntest einen männlichen und einen weiblichen Gott wählen. Vielleicht willst du dich auch dafür entscheiden, dass an deiner Schöpfungsgeschichte keine persönlichen Gottheiten beteiligt sind, sondern irgendwelche abstrakten Mächte, z. B. der Wunsch nach Verbindung und das Bedürfnis nach Trennung, oder verschiedene Zustände haben Regie geführt: ein Zustand der Leere, ein Zustand der Fülle.

Und du kannst entscheiden, wie detailliert deine Schöpfungsgeschichte sein soll, welchen Ablauf du skizzieren willst. Behalte dabei immer im Auge, dass du deine Geschichte einem Kind erzählst, das zwei grundlegende Wünsche hat: Es möchte sich in der Welt zu Hause fühlen und seine Kompetenz ausdehnen. Wie kannst du einen Schöpfungsmythos schreiben, der Ordnung und Dynamik miteinander verbindet? (30 Minuten)

Fasse nun den Vorgang der Schöpfung auf eine andere Weise ins Auge. Beschreibe irgendeine Situation, in der du etwas geschaffen hast. Betrachte diesen Vorgang in allen Einzelheiten. Beginne mit der Situation der Leere, wo es dieses Neue noch nicht gab und vielleicht nur deinen Wunsch, etwas zu schaffen. Beschreibe die winzigen Schritte, wie dieses Neue entstand, und wie du am Ende sahst, dass dieses Neue gut ist. Bitte schränke dich bei dieser Aufgabe nicht ein. Das, was geschaffen wird, kann irgendein Objekt sein, aber das muss es nicht sein. Es kann sich dabei auch um etwas Geistiges handeln, um eine Einsicht, eine neue Perspektive oder um eine Geschichte. (20 Minuten)

Auswertung

Lassen Sie möglichst viele Teilnehmer ihre Texte vorlesen. Beginnen Sie mit den Schöpfungsmythen und schließen Sie dann die Geschichten über den persönlichen Schöpfungsakt an. Folgende Auswertungsfragen können die Diskussion anregen:

- Wie häufig beschäftige ich mich als Erwachsener mit der Frage, wie die Welt erschaffen wurde?
- Warum sind Schöpfungsmythen wichtig?
- An welchen Schöpfungsmythos glaube ich selbst?
- Halte ich mich selbst für kreativ?
- Was inspiriert meine Kreativität? Was hindert sie?
- Gibt es in meiner weiteren Familie eine Tradition der Kreativität?
- Auf welchem Gebiet halte ich mich für besonders kreativ?
- Wie sehe ich den Zusammenhang zwischen Kreativität und persönlicher bzw. seelischer Entwicklung?

Auf der Suche nach dem Paradies

Zu den Mythen, die uns immer wieder stark berühren, gehört die Geschichte vom Paradies. Gefühlsmäßig wissen wir, was es bedeutet, im Paradies zu sein, aber den größten Teil unseres Lebens verbringen wir nicht im Paradies, sondern auf der Erde, wo wir hauptsächlich arbeiten müssen. Aber die Sehnsucht nach dem verlorenen Paradies bleibt ein Leben lang in uns lebendig. Wenn wir den Glauben aufgeben, es irgendwann wiederzufinden, verfallen wir in Depressionen.

Am Anfang war das Paradies – ein Zustand ununterbrochener Seligkeit, permanenten Glückes. Aber dann geschah etwas: Die Schlange kam, wir standen plötzlich vor dem göttlichen Garten, und das Tor war hinter uns verschlossen. Das goldene Zeitalter war beendet. Wir mussten uns anstrengen, um zu überleben. Unsere Trennungsangst führte dazu, dass wir die Welt besitzen wollten. Wir versuchten, uns durch harte Arbeit Sicherheit zu verschaffen. Zurückgestoßen von Gott, entwickelten wir Wissenschaft und Technologie; unsere Spontaneität und unsere Lust am Spiel verkümmerte. Der Verlust des Paradieses wird von vielen als Entfremdung bezeichnet. Aber es gibt viele Theorien darüber, was alles zur Entfremdung des Menschen führt.

Von einem psychologischen Standpunkt aus kann man die Vertreibung aus dem Paradies leicht beschreiben: Im Prozess der Erziehung lernt das Kind schon früh, dass es nur dann geliebt wird, wenn es seine eigenen Wünsche zurückstellt und den Eltern und anderen Erwachsenen gehorcht. Daher kommt es zu einer Spaltung zwischen unseren persönlichen Gefühlen und unserer öffentlichen Maske. Das Kind lernt, in zwei Welten zu leben. Seine persönliche Welt ist das Paradies, wo es neugierig und abenteuerlustig sein darf. Um zu überleben und den Schutz der Mächtigen zu finden, wird es zu einer erwachsenen Person, die sich am Realitätsprinzip orientiert. Und auch später wissen wir genau, wann wir uns den Realitäten unterwerfen und unsere Sehnsucht nach dem Paradies verraten. Wir passen uns an, und nur ab und zu brechen wir aus. Die Sehnsucht nach dem Paradies bringt uns in Schwierigkeiten. Dieser Hunger nach Glück wird nur ab und zu befriedigt. Trotzdem steigt dieses Bedürfnis. Einige Helden und einige Narren bestehen darauf, dass das verlorene Paradies wiedergefunden werden kann. Andererseits warnen uns die Weisen, dass dies eine Illusion bleiben könnte. Sie raten uns, bescheiden zu sein und mit der Entfremdung zu leben. Sigmund Freud hat uns in diesem Sinne beraten: Wir sollen als Erwachsene leben und uns mit Arbeit und Alltagsliebe bescheiden. Die Welt ist zu gefährlich für Kinder mit einer Sehnsucht nach dem Paradies. Aber es spricht einiges dafür, dass die Sehnsucht nach dem Paradies kein Zeichen einer kindlichen Persönlichkeit ist, sondern ein Beweis seelischer Vitalität. Zum Glück hat jeder Mensch Spuren vom Paradies in sich. Wir können lernen, wenigstens zeitweilig paradiesische Zustände für uns herbeizuführen. Die Erinnerung an Glück und Seligkeit sind lebendig in uns, und es ist heilsam, sie immer wieder wachzurufen.

Anleitung

Erinnere dich an die Geschichte der Versuchung. Sechs Beteiligte gab es damals: Adam und Eva, den Engel und die Schlange, den Baum und Gott. Schreibe einige Monologe und gib jedesmal einem dieser mythologischen Akteure eine eigene Stimme. Finde heraus, wer dich besonders interessiert und mit wem du dich identifizieren möchtest. Vielleicht fasziniert dich vor allem das alte mythologische Paar Adam und Eva. Wenn du eine Frau bist, dann möchtest du deine Stimme vielleicht Eva geben, der in dieser Geschichte eine besondere Rolle zugeschrieben wird. Wenn du ein Mann bist, dann könnte es ebenfalls sehr reizvoll sein, dich mit Eva zu identifizieren, um dein Verständnis für Frauen zu entwickeln. Aber vielleicht hast du gute Gründe, auch Adams Ängstlichkeit und Autoritätsgläubigkeit zu untersuchen.

Gib dir beim Schreiben die Erlaubnis, unorthodox vorzugehen und dich in Widerspruch zu dem zu begeben, was du einmal gehört hast. In diesem Mythos stecken sehr viel mehr Möglichkeiten, als die christliche Tradition uns zugestanden hat. Nutze deine Kreativität und öffne die Tür zu diesem Mythos weit; nutze deine theologische Imagination, um diesen alten Mythos für dich neu zu erschließen. Lebendig werden diese alten Geschichten nur, wenn wir sie aus neuen Perspektiven betrachten. (30 Minuten)

Auswertung

Lassen Sie möglichst viele Teilnehmer jeweils einen Monolog vorlesen. Ermutigen Sie die Autoren, ihre Texte mit dramatischer Emphase zu sprechen. Für die Auswertung können folgende Fragen wichtig sein:

- Mit wem habe ich mich gefühlsmäßig am stärksten identifiziert?
- Was habe ich Neues an diesem alten Mythos entdeckt?
- Wann habe ich das erste Mal gelogen, mich geschämt, mich versteckt, mich klein und unzulänglich gefühlt?
- Wann habe ich die Unzulänglichkeiten und Grenzen meiner Eltern entdeckt?
- Welche Mauer trennt mich heute vom Paradies?

Eine Reise in die Unterwelt

Nachdem Odysseus ein Jahr auf Circes Insel gelebt hat, erhält er von ihr den Auftrag, in die Unterwelt hinabzugehen. Homer beschreibt diese Unterwelt ganz detailliert: Dort versammeln sich die geistigen Abbilder der Menschen, wenn sie gestorben sind. Es herrscht ewige Dunkelheit; alle Geister sind in einer riesigen unterirdischen Höhle eingeschlossen. Hier ist alles farblos, und es gibt auch keine gesellschaftlichen Unterschiede mehr. Alle haben denselben Rang. Wie in vielen religiösen Überlieferungen ist dies auch ein Ort der Buße. Je mehr Untaten jemand im Leben begangen hat, desto heftiger fällt seine Strafe aus. Besonders hart ist die Strafe für Tantalus, der im Wasser steht, aber nicht imstande ist, davon zu trinken.

Der Abstieg in die Unterwelt ist wichtig für den Helden. Hier kann er Weisheit finden, die den Lebenden normalerweise vorenthalten wird. Hier kann der Held seine Verwandten und andere Wesen treffen, die ihm jenes kostbare Wissen vermitteln können. Zunächst trifft Odysseus auf den blinden Propheten Teiresias. Der blinde Weise erklärt dem psychologisch blinden Odysseus, wodurch er den Zorn der Götter hervorgerufen hat. Er weist Odysseus auf seine persönlichen Schwächen hin, vor allem auf seine Unbeherrschtheit. Dann rät er ihm, wie er sich bei seiner nächsten Prüfung auf der Sonneninsel zu verhalten hat. Und schließlich macht er Odysseus Mut, dass er das Ziel seines Lebens erreichen wird. Er wird geläutert zu seiner Frau Penelope zurückkehren und den Rest seines Lebens in Ithaka verbringen.

Jetzt ist Odysseus bereit, die Mütter zu treffen, seine eigene Mutter und die Mutter von vierzehn anderen berühmten Helden. Die Mütter vertiefen sein Verständnis von der Welt, und am stärksten reagiert Odysseus, als er mit dem Schatten der eigenen Mutter zusammentrifft, die aus Kummer über den vermissten Sohn gestorben ist. Wieder einmal zeigt sich, dass Odysseus, dessen Name auch „Kummer" bedeutet, allen Leid bringt, die ihn lieben.

Dann reist Odysseus weiter in die Welt seiner Väter. Er trifft viele tote Helden, die er zum Teil aus dem trojanischen Krieg kennt. Diese Helden leiden hier besonders an ihrer heroischen Identität. Sie sind zu Untätigkeit verdammt. Eine Ausnahme bildet Herakles, dessen unsterbliche Seele die Totenwelt verlassen durfte und der jetzt im Kreise der Götter auf dem Olymp lebt. Denn anders als die übrigen Helden hat Herakles inneres Wissen erworben.

Die Reise durch die Unterwelt verändert Odysseus noch einmal. Er hat elf Helden und Halbgötter im Hades getroffen und wird selbst der zwölfte sein. Er wird, wie Herakles, mit der Unsterblichkeit beschenkt werden, weil er bereit ist, sich zu wandeln. Er erkennt, dass Selbsterkenntnis wichtiger ist als militärische Entschlossenheit und dass er seinen Mitmenschen gegenüber Verantwortung trägt. Insofern können wir Odysseus als den Prototypen jener klassischen, griechischen Epoche ansehen, wo es nicht in erster Linie um Eroberung ging, sondern um geistige und politische Kultur.

Anleitung

Besondere Bedeutung für Odysseus hat seine Reise in die Unterwelt. Sie ist gefährlich, weil sie die Konfrontation mit dem Tod bedeutet. Deshalb wird der Held von einem Verbündeten begleitet, der bei diesem Besuch als Führer dient. Aber der Held muss auch selbst einiges tun, damit dieser Aufenthalt in der Unterwelt für ihn Früchte trägt. Er muss seine Seele öffnen, Mitgefühl und Verständnis entwickeln und Demut und Bescheidenheit praktizieren. Nur so kann er von den Vorfahren, die er dort trifft, und aus ihren Schicksalen lernen.

Ich werde dich gleich zu einer Phantasiereise einladen, die dich in die Unterwelt führt, in das Reich der Mütter und in das Reich der Väter. Du kannst diese Reise dazu nutzen, um ebenfalls Weisheit zu gewinnen, die du für dein Leben brauchen kannst. Später sollst du diese Phantasiereise als Material für eine ganz besondere mythologische Geschichte verwenden.

Schließ nun bitte die Augen und geh nach innen. Finde dort ein Tor, durch das du in das Reich der Mütter eintreten kannst. Einige dieser Frauen werden deine Vorfahren sein, andere nicht. Und nun geh in der Zeit immer weiter zurück, bis du jemanden triffst, mit dem du sprechen möchtest. Vielleicht wird das jemand aus deiner eigenen Familie sein, deine Großmutter oder deine Urgroßmutter oder eine Ahne, die vor Hunderten oder sogar vor Tausenden von Jahren gelebt hat. Vielleicht triffst du eine weise Frau, mit der du nicht verwandt bist und die dir etwas zu sagen hat. Wer immer das sein mag, sie wird dir etwas sagen, was für dich wichtig ist und was du hören willst. Setz dich dann zu ihr und unterhalte dich mit ihr. Du wirst die Präsenz dieser Person spüren und du wirst hören können, was sie dir mitteilen möchte. Wenn du das getan hast, geh weiter im Reich der Mütter umher, bis du eine weitere Frau triffst. Du kannst entscheiden, wie weit du zurückgehen willst: hundert Jahre, zweihundert, fünfhundert oder tausend Jahre. Vielleicht möchtest du sogar bis in jene Zeit zurückgehen, als die ersten Dörfer und Städte entstanden oder noch weiter zurück. Du wirst ganz selbstverständlich die Geister treffen, die mit dir sprechen wollen, die eine Botschaft für dich haben. Lass dir so lange Zeit, wie du für diese Unterhaltung brauchst, und setze dann deinen Weg fort. (5–10 Minuten)

Betritt nun durch ein anderes Tor das Reich der Väter. Geh wieder hundert Jahre zurück oder Tausende von Jahren. Sprich mit deinen väterlichen Vorfahren. Mach das in deinem eigenen Rhythmus.

Im Reich der Väter wirst du Männer treffen, die deine Vorfahren sind, und andere, mit denen du nicht verwandt bist. Wenn du spürst, dass einer von ihnen in deiner Nähe ist, dann nimm Platz und tausche dich mit ihm aus. Öffne dich für das Wissen des Geistes und für die Weisheit des Herzens. Merke dir all die Dinge, die du hörst, und sei davon überzeugt, dass du später ganz persönlichen Gewinn daraus ziehen wirst. (5–10 Minuten)

Und nun geh durch ein drittes Tor. Dieses Mal sollst du vorwärtsgehen, in die Zukunft. Du kennst jetzt das Ende des Lebens und du kennst die Anfänge. Nimm dieses Wissen mit dir in die Zukunft. Geh zu deinen eigenen Kindern oder zu anderen Kindern, an denen dir etwas liegt. Gib von dem, was du selbst bekommen hast. Dort, in der Zukunft, gibt es vielleicht ein Kind deines Körpers oder deines Geistes, das mit dir Verbindung aufnehmen möchte. Vielleicht spürst du eine ausgestreckte Hand, die deine Hand sucht. In dem geheimnisvollen Reich der Zukunft kannst du etwas von deiner Weisheit und deinem Wissen verschenken. (5 Minuten)

Lass dich jetzt selbst beschenken und nimm etwas von der Weisheit und dem Wissen jener Kinder der Zukunft an. Öffne dich für einen tiefen und liebevollen Austausch mit ihnen. (3 Minuten)

Nun hast du etwas von deinen Vorfahren erhalten; du hast deinen Nachkommen etwas gegeben und etwas von ihnen bekommen; jetzt kannst du wieder zurückkehren zu der Schwelle des Hier und Jetzt. Du warst in anderen Welten und du kannst jetzt den Rückweg antreten. Kehre zurück in unsere Gegenwart, dorthin, wo du heute lebst. Bring dein neues Wissen mit und spüre, wie dich diese Reise erfrischt hat, wie sie dich verändert hat.

Reck und streck dich ein wenig, atme einmal tief aus, öffne die Augen und sei wieder hier, lebendig und wach.

Schreibe die Geschichte dieser Reise jetzt auf. Komprimiere alles, was du erlebt und verstanden hast, auf zwei Seiten. Entscheide, ob du aus der Ich-Perspektive schreiben willst oder ob du in der dritten Person über dich schreiben möchtest. Du kannst das im Stil des Mythos tun oder in moderner Sprache. (20 Minuten)

Auswertung

Lassen Sie einige Freiwillige ihren Text vorlesen. Wenn unterschiedliche Erzählperspektiven und Stilebenen benutzt wurden, sollen entsprechende Beispiele vorgetragen werden. Für die Auswertung können folgende Fragen hilfreich sein:

- Wie habe ich mich bei dieser Phantasiereise gefühlt?
- Konnte ich eine Balance halten zwischen Emotionen und Verständnis?
- Welche Begegnung und welche Einsicht waren für mich am wichtigsten?

Geschichten mit Löchern

Phantasie

Unsere Phantasie ist wie ein eigensinniges Kind, das mit Möglichem und Unmöglichem spielt, während unsere Vernunft ernsthaft zu sein und nützliche Arbeit zu leisten versucht. Tagträume wandern durch unser Bewusstsein, und manchmal unterbrechen sie unser angestrengtes Nachdenken. Wenn die Vernunft unser Leben kontrolliert, dann vertreiben wir unsere Tagträume. In unseren Tagträumen verlassen wir die Realität und begeben uns ins Reich der Phantasie. Diese Reisen machen wir auf Kosten unseres Arbeitgebers, unseres Berufes, auf Kosten all der Probleme, die gelöst werden sollen. Unsere Tagträume führen uns in eine ganz private Welt unerfüllter Wünsche und Sehnsüchte, sie geben uns Gelegenheit, unmögliches oder verbotenes Glück zu empfinden, das verlockender ist als Arbeit, Pflicht, Verantwortung, Rücksicht oder Ansehen. Tagträume können unseren inneren Frieden durcheinanderbringen, aber wir können sie auch nicht unterdrücken. Ohne sie vertrocknet unsere Seele.

Je mehr wir über die schillernde Welt unserer Wünsche und unseres Verlangens wissen, desto besser können wir Entscheidungen treffen, die in unserem eigenen Interesse sind. Manchmal blitzt unser Verlangen nur kurz auf wie eine Sternschnuppe, manchmal entspringt daraus ein Ziel, das uns ein Leben lang inspiriert. Einige Wünsche führen zu Handlungen, andere bleiben für immer im Reich der Phantasie. Unsere Hoffnungen haben eine ganz unterschiedliche Intensität. Wir kennen jene flüchtigen Gedanken, wie z. B.: Ich möchte nur einmal unsichtbar sein; ich möchte einmal mein Geschlecht ändern; ich möchte einmal Gedanken lesen können.

Entschlüsse sind das Ergebnis eines starken Wunsches: „Ich werde meinen bezahlten Job aufgeben, um Zeit für eine Gesangsausbildung zu haben." Und eine Aktion ist der Abschluss und die Verwirklichung eines Wunsches: „Ich habe gekündigt und mir einen Gesangslehrer gesucht."

Nicht alle Wünsche müssen verwirklicht werden, aber wir sollten zwischen Wünschen unterscheiden können, die eher Tagträume sind, und solchen, deren Stimme wir folgen müssen, um unsere innere Bestimmung zu erfüllen. Im Vorfeld von Entscheidungen kann unsere Phantasie uns dabei helfen, verschiedene Möglichkeiten durchzuspielen. In unserer Vorstellung können wir ein Söldner sein und Wut und Grausamkeit ausleben, ohne tatsächlich Blut zu vergießen; wir können Casanova sein, ohne unsere aktuelle Beziehung zu gefährden; wir können Gott spielen, ohne auf den Teufel Rücksicht nehmen zu müssen. In der Phantasie können verbotene oder inakzeptable Wünsche erfüllt werden, wir können grausam sein, verrückt, stark, schwach, unbesiegbar, ängstlich oder verführerisch, ganz wie wir wollen. Schließlich gibt es einen paradoxen Zusammenhang: Wenn wir unser inneres Kind in der Phantasie frei spielen lassen, dann wird der Weg zu unseren realistischen Zielen kürzer.

Bitte erzählen Sie die folgende Geschichte mit Ihren eigenen Worten. Die Geschichte ist hier sehr kompakt wiedergegeben, so dass Sie die Möglichkeit haben, beim Erzählen Farbe und Details hinzuzufügen. Sie sollten die Geschichte frei erzählen, denn so erreichen Sie am besten, dass sich Ihre Teilnehmer davon bezaubern lassen.

Frau Nachtigall

(Autor unbekannt)

Frau Nachtigall war 80 Jahre alt und musste sich beim Gehen auf einen Stock stützen.

Wenn sie zum Einkaufen kam, trug ich ihr jedesmal ihren Korb mit den Einkäufen nach Hause.

Eines Tages zeigte sie mir eine Flasche, die sie gerade gekauft hatte.

Auf dem Etikett stand: EIN KLEINER SCHLUCK WIRD SIE ZWANZIG JAHRE JÜNGER MACHEN. Dann humpelte sie die Treppe zu ihrer Wohnung hinauf.

Als ich sie das nächste Mal sah, ging sie kerzengerade die Straße entlang. Sie trug keinen Stock mehr und winkte mir zu.

Am Sonntag ging ich wie immer im Park spazieren.

Frau Nachtigall saß auf einer Bank in der Nähe des Eingangs; sie trug ein elegantes Kleid und ein Halstuch.
Sie sah aus wie vierzig.

In der nächsten Woche traf ich sie wieder im Park.
Sie trug enge Jeans und einen Pullover.
Ich setzte mich neben sie und nahm ihre Hand.
Ich lud sie ins Kino ein. Sie nahm meine Einladung an. Sie wollte sich nur noch umziehen. In einer Stunde würde sie wieder hier bei der Bank sein.

Nach einer Stunde kam ich zu der Bank zurück, aber Frau Nachtigall war nicht da.
Ich ging zu ihrem Haus und hämmerte an ihre Wohnungstür.
Nichts rührte sich.

Anleitung

Beschreibe das Leben dieses Jungen und erfinde seine Geschichte. Wie alt ist er? Unter welchen Umständen ist er aufgewachsen? Wer sind seine Eltern? Welche Art Schule besucht er? Wer sind seine Freunde? Welche Interessen hat dieser Junge? Welche Beziehung hat er zu Jungen und Mädchen? Welches sind seine Stärken? Was hat er für Probleme? Welche Bedeutung hat für ihn das Weibliche? Ist dieser Junge neurotisch, ist er normal?

Wenn du willst, kannst du auch die Lebensgeschichte von Frau Nachtigall rekonstruieren. Erfinde ihr Leben, schreibe aber nicht mehr als zehn Sätze darüber. Wie hat Frau Nachtigall ihr Leben verbracht? Welche prägenden Ereignisse gab es? Was hat ihr Leben ausgefüllt? Was hat sie vermisst? Blickt sie auf ein erfülltes Leben zurück? Was macht sie sympathisch und anziehend? Welche Beziehung hat sie zu dem Jungen, der ihr die Einkäufe nach Hause trägt? (20 Minuten)

Auswertung

Lassen Sie möglichst viele Teilnehmer ihre Geschichte vorlesen, zunächst verschiedene Geschichten, die sich mit dem Jungen beschäftigen, dann die Geschichten über die alte Frau.

Folgende Fragen können bei der Auswertung nützlich sein:

- Wen habe ich als Helden für meine Geschichte gewählt?
- Wie gut konnte ich mich mit meinem Helden identifizieren?
- Welche psychologischen Aufgaben hat ein Junge im Alter des Helden?
- Welche psychologischen Aufgaben hat eine Frau im Alter von Frau Nachtigall?
- Wie kann man die Faszination verstehen, die zwischen sehr jungen und sehr alten Menschen entstehen kann?
- Inwiefern ist das seelische Leben alter und junger Menschen ähnlich? Wo liegen gravierende Unterschiede?
- Welche Rolle spielt die Phantasie in dieser Geschichte?
- Wie schätze ich mein eigenes Phantasieleben ein: Neige ich mehr zu Rationalität? Gebe ich meiner Phantasie Entfaltungsmöglichkeiten?
- Gibt es einen Zusammenhang zwischen Phantasie und Kreativität?
- Wie entwickelt sich die Liebe in unserem Leben? Was verändert sich, was bleibt gleich?
- Warum haben viele Menschen Angst vor der Liebe?
- Was ist vollkommene Liebe für dich?
- Wann hast du dich zum letzten Mal verliebt?

Zauberei

Kinder und Schamanen leben in einer besonderen Welt. Sie erklären die Welt und ihre Erlebnisse nicht mit der wissenschaftlichen Vernunft, sondern sie hören überall eine Antwort auf ihre Fragen. In jedem Baum und Strauch kann sich ein Geist verbergen; Dornenbüsche können brennen, ohne dass ihre Zweige zu Asche werden; Vögel können die Botschaften der Götter bringen. Bei den Buschmännern in der Kalahari helfen die Sterne den Jägern, ihr Wild zu finden; für die Hopis in Neu Mexiko bringt der Schlangentanz den Sommerregen. In der Kindheit leben wir alle in einer Welt des Zaubers. Wir wissen, dass der Teppich uns stolpern lässt, wenn wir zornig sind; wir glauben daran, dass Tannenzapfen und kleine Steine uns den Weg weisen, wenn wir durch den Wald gehen. Die Welt ist ständig bereit, mit uns zu kommunizieren, uns Hinweise zu geben und uns zu helfen.

Wenn wir älter werden, dann glauben wir nicht mehr an Zauberei, wir geben die exzentrische Perspektive des Kindes auf und gewöhnen uns an, die Welt durch eine neutrale Brille zu betrachten. Wir blenden jene Stimmen aus, die wir früher in Wind und Regen hörten. Wir lachen über das geheimnisvolle Flüstern unserer Träume und werden Bürger einer Welt der Vernunft. Unsere Intuition wird etwas Fragwürdiges für uns. Wir entwickeln eine Skepsis, in der wir die Tugend der Vernunft zu erkennen glauben. Glücklicherweise führt unsere Nüchternheit nicht dazu, dass in der Welt keine seltsamen und magischen Dinge mehr geschehen. Wir erleben weiterhin Dinge, die unser Geist eigentlich für unmöglich hält. Manche Ereignisse scheinen nur dafür gemacht zu sein, dass wir glücklich sind. Wir haben Ahnungen, die sich als richtig erweisen. Manchmal träumen wir prophetische Dinge, obgleich wir wissen, dass man nicht in die Zukunft sehen kann. Wir haben zur selben Zeit dieselben Gedanken wie Menschen, die uns sehr nahe stehen. Immer wieder bricht das Bizarre, Wunderbare und Unerklärliche in unser geordnetes Leben ein. Aber das hat einen großen Vorteil. Wir lernen, dass wir unser Schicksal nicht berechnen können und dass zwischen Himmel und Erde mehr Dinge möglich sind, als sich unser Verstand träumen lässt.

Bitte erzählen Sie die folgende Geschichte frei und mit Ihren eigenen Worten:

Der Pfauenmörder

(nach einer Erzählung von Yukio Mishima)

Mitten in der Stadt liegt ein Park.
Dutzende prächtiger Pfauen erfreuen die Besucher.
Eines Tages werden zehn tote Vögel gefunden. Am nächsten Tag sind weitere zehn Pfauen getötet.
Die Bürger reagieren entsetzt, und die Polizei nimmt die Ermittlungen auf.
Es gibt keine Hinweise. Ein Kriminalbeamter spricht mit allen, die selbst Pfauen züchten.

Er trifft einen alten Mann, der früher Pfauen gehalten hat. Er lebt allein in einem kleinen, ordentlichen Haus. Die Wände sind mit Kriegserinnerungen geschmückt – der Mann ist ein alter Soldat.
Er zeigt Interesse an dem Fall und freut sich, dass er sich unterhalten kann.
Als der Inspektor das Haus verlässt, sieht er das Foto eines jungen Mannes in Uniform.
„Ihr Sohn?"
„Ich selbst, als ich dem Kaiser diente."

Am nächsten Tag erscheint der alte Mann auf der Polizeiwache.
Der Fall faszinierte ihn.
„Einen Pfau zu töten, ist eine vollkommene Handlung, denn ein Pfau bedeutet Vollkommenheit."

Nacht für Nacht bewacht die Polizei den Park.
Schließlich sieht der Inspektor verdächtige Gestalten: einen Mann mit drei riesigen Hunden.

Der Mann zerschneidet den Zaun, und die Hunde stürzen sich auf die Pfauen.
Der Mann rennt weg.
Das Licht einer Straßenlaterne fällt auf sein Gesicht.
Der Inspektor erkennt das Gesicht des jungen Mannes von der Fotografie.

❦

Anleitung

Kommt in Dreiergruppen zusammen und sprecht darüber, wie ihr selbst diesen Fall deutet. Wer ist eurer Meinung nach der Mörder der Pfauen? (10 Minuten)

Arbeite nun allein weiter und formuliere den Bericht, den der Inspektor für seinen Vorgesetzten verfasst.

Wenn du willst, kannst du auch einen Pressetext abfassen, der am nächsten Tag in der Zeitung erscheint. Der Journalist hat sich mit dem Polizisten unterhalten und veröffentlicht auf dieser Basis einen Artikel über den Pfauenmörder.

Aber du kannst dich auch dafür entscheiden, die Lebensgeschichte des alten Mannes aufzuschreiben.

Auswertung

Lassen Sie einige Berichte vorlesen. Hier sind viele verschiedene Interpretationen möglich. Die Geschichte ist so komplex, dass es verschiedene Versionen der Wahrheit gibt. Folgende Fragen können die Diskussion bereichern:

- Mit wem habe ich mich identifiziert: mit den getöteten Pfauen? Mit dem Inspektor? Mit dem alten Mann?
- Welche Motive könnte der Pfauenmörder haben?
- Mit welchen Problemen kämpft der Inspektor?
- Warum kann der Inspektor nicht schlüssig beweisen, wer der Mörder ist?
- Welche Erfahrungen habe ich selbst mit unerklärlichen Vorgängen gemacht?
- Worin liegt der Zauber dieser Geschichte?

Romantische Liebe

So richtig kennen wir einen Menschen erst, wenn wir die Geschichte seiner Liebesbeziehungen kennen. Es gibt wenige Gefühle, die uns so stark berühren können wie die Liebe. Deshalb plädieren die Skeptiker unter uns dafür, dass wir uns von der Liebe nicht hinreißen lassen sollten, weil das dazu führen könnte, dass wir in Schwierigkeiten geraten. Die intensivste Form der Liebe ist die leidenschaftliche, romantische Empfindung. Und um sie herum haben sich verschiedene Missverständnisse gebildet. Dazu gehört die Ansicht, dass Frauen sich leichter verlieben und stärker von der Liebe geprägt werden als Männer, die ihr Leben mehr an der Vernunft ausrichten. In Wirklichkeit gehört die Fähigkeit zu romantischer Liebe zur menschlichen Natur. Männer und Frauen sehnen sich nach ihr. Liebe ist ein einzigartiges Erlebnis, das keinen Unterschied zwischen den Geschlechtern macht.

Der größte Wunsch der Liebenden ist es, zusammenzusein. Wenn das nicht möglich ist, dann suchen die Liebenden dafür Ersatz. Sie träumen von dem geliebten Menschen, und sie sprechen über ihre Liebe mit ihrem besten Freund – oder Therapeuten. Wer romantisch liebt, erlebt in erster Linie seine Leidenschaft. Jede kleinste Veränderung der Beziehung wird mit größter Spannung verfolgt, und die Liebe prägt jeden Augenblick des Tages und bei vielen Menschen auch die Träume. Zugleich glaubt der Liebende fest daran, dass die geliebte Person einzigartig ist und die bezauberndste Kreatur auf der ganzen weiten Welt. Und für die Liebenden ist es ganz unbezweifelbar, dass es nie zuvor eine so wunderbare und wertvolle Liebe gegeben hat. Natürlich betrachten die Außenstehenden den Überschwang romantischer Liebe mit Skepsis. Sie glauben an das Klischee, dass die Liebe blind macht, aber genau darum geht es in der romantischen Liebe: Die Liebenden werfen alle Objektivität über Bord und genießen die Befreiung ihrer subjektiven Empfindung. Der amerikanische Philosoph William James hat uns darauf hingewiesen, dass der größte Abgrund in der Natur dort zu finden ist, wo sich zwei Intellekte begegnen. Für die Liebenden wird dieser Abgrund durch ihre Leidenschaft überbrückt. Nachdem wir das Gefühl der psychologischen Einheit mit unserer Mutter verloren haben, entdecken wir unsere Isolation. Wir können sie abmildern, wenn wir mit anderen über unsere innere Welt sprechen; wir können Empathie und Intuition einsetzen, um anderen nahe zu sein, aber romantische Liebe geht viel weiter. Für sie gibt es keine Trennung zwischen den liebenden Seelen. Sie sind durch eine Art emotionale Telepathie verbunden.

Aber romantische Liebe bewirkt noch mehr: Sie hält die Zeit an und gibt den Liebenden die seltene Gelegenheit, ganz in der Gegenwart zu leben. Darüber hinaus erleben wir sie als Bereicherung und als tiefgreifende Veränderung unserer Person. Wir überschreiten Grenzen, in denen wir gefangen waren; wir verändern uns; wir fühlen uns wie neu geboren.

Heute können wir zwei verschiedene Einstellungen zur leidenschaftlichen Liebe beobachten – die rationale und die romantische Haltung.

Rationalisten betrachten die romantische Liebe als gefährliche Illusion, die unmögliche Hoffnungen weckt und gefährlich ist für stabile Beziehungen. Diese rationalistische Einstellung prägt auch unsere wissenschaftliche Literatur in Psychologie, Soziologie und Philosophie.

Der einzige Bereich, wo die leidenschaftliche Liebe respektvoll behandelt wird, ist die Kunst. In Filmen, Romanen, Theaterstücken und in der Oper wird die romantische Liebe geschätzt und ernst genommen. In der Kunst geht es um Imagination, und darum geht es auch in der Liebe.

Interessanterweise hat die Psychotherapie eine kritische Haltung zur romantischen Liebe entwickelt. Die meisten Therapeuten warnen ihre Klienten vor der Leidenschaft und betonen statt dessen gemäßigte, gut temperierte Haltungen wie wechselseitiger Respekt, gemeinsame Werte und geteilte Interessen. Die kritische Einstellung der Rationalisten ist kein Zufall. Die Liebe kann so mächtig sein und unsere tiefsten Sehnsüchte ausdrücken, dass sie uns zugleich sehr verletzlich macht, und diese Verletzlichkeit wird natürlich gefürchtet.

Leidenschaftliche Liebe erfüllt eine wichtige Funktion, nicht nur für den Einzelnen, sondern für die ganze Kultur. Sie ist der rote Faden für Romane und Filme, aber auch für jedes Leben. Romantische Liebe ist nicht nur momentan aufregend, sondern sie verändert uns oft tiefgreifend. Sie ist eine der wirksamsten Möglichkeiten, eine Kultur zu verändern und reifer zu machen. Liebe schafft eine Situation, wo das individuelle Selbst den Mut findet, neue Risiken einzugehen, ein Gefühl der persönlichen Freiheit zu entwickeln, Grenzen und Tabus zu durchbrechen. Sie kann unsere Persönlichkeit beweglicher machen und den Eintritt in neue Lebensphasen herbeiführen. Sie macht uns sensibler für Werte und die spirituelle Seite unserer Existenz.

Natürlich führt leidenschaftliche Liebe häufig zu Konflikten, die die Liebe testen und sie entweder stärken oder zerbrechen lassen. Nicht immer ist unsere Liebe wechselseitig, und oft fehlt der romantischen Liebe die Kraft der Dauer. Die Liebe bestätigt uns, und gleichzeitig führt sie oft dazu, dass wir ein neues Selbst entwickeln. Im Ganzen spricht viel dafür, dass die romantische Liebe uns mehr Segen bringt als Unglück. Sie bestärkt unsere Hoffnung und unsere Sehnsucht, über uns hinauszuwachsen. Sie ist eine jener bedeutenden Leidenschaften, die uns auf unserer Lebensreise inspirieren und uns Mut machen, die schwierigsten Abenteuer zu bestehen.

Bitte lesen Sie das folgende Märchen nicht vor, sondern erzählen Sie es frei:

Akiko, der Schmetterling

(japanisches Märchen)

Es war einmal ein alter Mann mit Namen Takahama. Er führte ein sehr ruhiges Leben. Obgleich er aus einer vornehmen Familie stammte, hatte er sich für den Beruf eines Friedhofswächters entschieden. Er lebte in einem sehr einfachen Haus auf dem Gelände des Friedhofs, mitten zwischen den Gräbern. Er war nie verheiratet gewesen. Seine Schwester und ihr Sohn besuchten ihn häufig, auch wenn sie sich dafür schämten, dass der alte Mann so unscheinbar auf dem Friedhof lebte.

Eines Tages, als Schwester und Neffe wieder einmal zu Besuch waren, sahen sie, dass es mit ihm zu Ende ging. Als der alte Takahama einschlief, erschien ein kleiner, weißer Schmetterling. Er flog um das Gesicht des alten Mannes herum und ließ sich auf dem Kissen nieder. Der Neffe versuchte dreimal, den Schmetterling zu verscheuchen, aber der Schmetterling schien entschlossen, dem alten Takahama ganz nahe zu sein. Als Takahama seinen Geist aushauchte, flog der Schmetterling aus dem Fenster davon. Der Neffe wusste, dass dies ein Zeichen sein könnte, und darum folgte er dem Schmetterling. Der flog zu dem Grab einer jungen Frau mit Namen Akiko, und dann war er nicht mehr zu sehen.

Der Neffe sah, dass dies ein altes Grab war, vollständig mit Moos bedeckt. Akiko war vor 60 Jahren hier beerdigt worden. Trotzdem standen frische Blumen auf dem Grab. Auf einem so alten Grab sieht man das selten.

Der Neffe erzählte seiner Mutter, was er beobachtet hatte. Die Mutter schloss die Augen und lächelte. „Welcher Name stand auf dem Grab?" fragte sie. „Akiko", sagte der Sohn.

Die Mutter erzählte nun die folgende Geschichte:

„Vor vielen Jahren verliebte sich Takahama in ein schönes Mädchen mit Namen Akiko. Sie verlobten sich, aber das Mädchen starb unmittelbar vor dem Hochzeitstag. Takahama konnte es nicht ertragen, sich von ihr zu trennen, darum verzichtete er auf seinen Beruf als Kaufmann, um für immer in ihrer Nähe zu sein. Und ob es regnete oder schneite, ob er gesund war oder krank, Takahama ging zu Akikos Grab und pflegte es. Im Frühling, im Sommer und im Herbst brachte er ihr immer frische Blumen. Im Winter legte er immergrüne Zweige auf ihr Grab. Heute ist der erste Tag, wo er nicht an ihrem Grab gestanden hat. Der kleine, weiße Schmetterling war Akikos Seele. Sie machte sich vermutlich Sorgen, als Takahama heute nicht zu ihr kam, und darum beschloss sie, selbst nach ihm zu sehen. Sie wartete so lange, bis seine Seele frei war, um wieder mit ihr zusammenzusein."

Anleitung

Stell dir vor, dass Takahamas Schwester die Bestattung ihres Bruders organisiert. Welche Grabinschrift gibt sie bei dem Steinmetz in Auftrag? (5 Minuten)

Stell dir vor, dass die Seelen der Liebenden jetzt wieder vereint sind. Wo sind sie? Erfinde einen Ort, wo sie zusammensein können, und beschreibe ihr Zusammensein. Was haben sie sich zu sagen? Wie geht es weiter mit ihnen? (15 Minuten)

Entscheide dich für eine der beiden folgenden Schreibaufgaben:

Glaubst du, dass der Neffe durch Takahamas Liebesgeschichte geprägt wird? Beschreibe die erste Liebesbeziehung des Jungen. (15 Minuten)

Glaubst du, dass Takahama ein erfülltes Leben gehabt hat? Schreibe seinen inneren Monolog auf, als er am Totenbett von Akiko steht. (15 Minuten)

Auswertung

Lassen Sie möglichst viele Teilnehmer einen ihrer Texte vorlesen. Die folgenden Fragen können die Besprechung anregen:

- Glaubst du selbst an romantische Liebe?
- Was kann romantische Liebe in uns bewirken?
- Hast du selbst schon romantische Liebe erlebt?
- Welche anderen Formen der Liebe kennst du?
- Welche Einstellung zur Liebe hast du in deiner Kindheitsfamilie erlebt?
- Welche romantischen Paare kennst du aus Filmen und Romanen?
- Kannst du dir eine Welt vorstellen, in der romantische Liebe verboten ist?
- Warum wird so oft vor romantischer Liebe gewarnt?
- Können wir die Intensität unserer Liebe steuern?
- Warum kann uns die Liebe verändern?
- Wie lautet die Botschaft dieses Märchens?
- Könntest du lieben wie Takahama?
- Was wäre mit der Liebe von Akiko und Takahama geschehen, wenn sie zusammen alt geworden wären?

Ein angekündigter Tod

Das einzige Ereignis unseres Lebens, das wir mit Sicherheit vorhersehen können, ist zugleich ein Tabu: unser eigener Tod. Unser Tod ist das Tor zur Zukunft, die einzige Tatsache in einer Welt, in der es sonst nur Wahrscheinlichkeiten gibt. Ehe wir uns frei mit unserer Zukunft beschäftigen können, mit den verschiedenen Möglichkeiten, die uns offenstehen, müssen wir dieses Tabu brechen und unsere eigenen ambivalenten Gefühle zur Kenntnis nehmen, die sich um die Vorstellung vom Ende unseres Lebens gebildet haben.

Wir sprechen nicht gern vom Sterben. Es fällt uns schwer, unsere Verletzlichkeit und unsere Ohnmacht angesichts des Todes anzuerkennen. Das passt nicht zu unserem Bedürfnis, die Welt zu kontrollieren und zu beherrschen. Sterben ist ein Zeichen der Schwäche, und darum empfinden wir Angst und Scham. Die klassischen Philosophen haben immer wieder betont, dass Weisheit und Glück nur dann erlangt werden können, wenn wir die Unausweichlichkeit unseres Todes anerkennen und akzeptieren. Plato definierte die Philosophie als Vorbereitung auf das Sterben. Wenn wir den Tod ignorieren, dann vermeiden wir jenes Ereignis, das uns endgültige Grenzen setzt. Wir pflegen die Illusion, dass wir unendlich viel Zeit haben, um all das zu tun, wozu uns heute der Mut fehlt.

Der Tod erinnert uns daran, dass wir aus Erde gemacht sind und wieder zu Erde werden. Der Tod kann uns bescheiden machen, indem wir die Zerbrechlichkeit unseres Lebens bemerken und den Mut finden, rechtzeitig Entscheidungen zu treffen.

In Mythen und Märchen wird der Tod sehr unterschiedlich aufgefasst: manchmal als Freund, manchmal als Feind, als Anfang oder als Ende des Lebens. Die christliche Tradition und mit ihr viele alte Mythen erklären den Tod als Strafe dafür, dass der Mensch göttliche Gesetze gebrochen hat, weil er die verbotene Frucht gegessen oder das Feuer von den Göttern gestohlen hat. Ohne Feindschaft zwischen

Menschen und Göttern, ohne diese Entfremdung, gäbe es keinen Tod.

Andere Kulturen geben eine andere Antwort. Für sie ist der Tod die Voraussetzung für die Wiedergeburt – ein verborgener Freund, der Schoß des Lebens, unser Liebhaber. Kulturen mit einem starken Naturgefühl sehen unser Leben verbunden mit dem Kreislauf der Jahreszeiten – im Winter des Lebens stirbt der Mensch, um im Frühling neu geboren zu werden. Die Hopi-Indianer verwenden deshalb ein Symbol: Wenn sie ihre Toten verbrennen, dann bringen sie diese in jene Körperhaltung, die wir im Bauch der Mutter gehabt haben. Sie sagen damit, dass wir am Ende zum Anfang zurückkehren.

Normalerweise kennen wir nur den Tod anderer, den wir als Beobachter miterleben. Der Sterbende selbst erlebt sein Sterben, aber vermutlich nicht seinen Tod. Die Hinterbliebenen sehen den leblosen Körper und empfinden Trauer, Erleichterung, Ärger oder Panik. Für die Hinterbliebenen scheint der Tod endgültig zu sein. Er nimmt uns, was wir lieben und was unersetzlich ist. Wenn wir den Toten geliebt haben, dann erscheint uns der Tod leicht als Feind, als Zerstörer von Liebe und Leben.

Wenn wir über unseren eigenen Tod nachdenken, dann erleben wir eine ähnliche Unsicherheit, wie wenn wir in unserem Leben vor Veränderungen und Abschieden stehen. Erst nach durchlebter Krise bemerken wir, dass Veränderungen uns oft reifer und stärker machen. Manchmal ahnen wir, dass auch der Tod das Tor in ein freieres Leben sein könnte, das uns aus dem Gefängnis unseres kleinen Ich befreit.

Der Tod ist, wie die Liebe, ein großer Katalysator. Er beschäftigt unsere Phantasie, er unterstreicht unsere Individualität, und er kann uns Anstöße geben, uns nicht gegen Veränderungen zu sperren, das Neue zu begrüßen und dem Alten Adieu zu sagen.

Bitte erzählen Sie die folgende Geschichte frei und mit Ihren eigenen Worten:

Die Erscheinung

(nach Alwin Schwartz)

Tonio und Tito sind gute Freunde. Eines Abends sitzen sie auf einem Zaun am Rande des Dorfes. Plötzlich sehen sie, wie ein Wesen, das aussieht wie ein Mann, aus dem Getreidefeld ihnen gegenüber hervorkriecht, sich aufrichtet und wieder verschwindet. Nach einer Weile kehrt die Erscheinung zurück. Das Wesen überquert die Straße und verschwindet wieder im Kornfeld.

Dann kommt es ein drittes Mal heraus und geht auf die beiden Freunde zu. Zu Tode erschrocken laufen Tonio und Tito weg. Doch sie schämen sich ihrer Angst und kehren um, um die Erscheinung noch einmal genau zu betrachten.

Das Wesen kommt ein viertes Mal auf sie zu. Es trägt eine schwarze Hose, ein weißes Hemd und schwarze Hosenträger. Tonio sagt: „Ich werde es berühren, dann wissen wir, ob es nur ein Gespenst ist."

Er geht auf das Wesen zu und starrt ihm ins Gesicht. Er sieht leuchtende Augen, die tief den Höhlen eines Totenschädels liegen.

Tonio schreit laut auf, und die Freunde laufen wieder davon. Diesmal folgt ihnen das Wesen. Sie stürzen in Tonios Haus und schauen durchs Fenster nach draußen. Die Erscheinung bleibt eine Weile auf der Straße stehen, dann verschwindet sie.

Ein Jahr später wird Tonio krank und stirbt. In seinen letzten Tagen sitzt Tito jede Nacht an seinem Bett.

In der Nacht, als Tonio stirbt, erkennt Tito, dass sein Freund genauso aussieht wie das Wesen am Feldrand.

Anleitung

Komm mit einem Partner zusammen und sprich mit ihm über diese Geschichte. Vergleicht diesen unerwarteten Todesfall mit anderen Todesfällen, von denen ihr wisst. Was ist das Besondere an diesem Todesfall? (10 Minuten)

Arbeite nun allein weiter. Stell dir vor, dass Tito am Tage des Begräbnisses eine Eintragung in sein Tagebuch macht. Wie erklärt er den Tod seines Freundes? Welche Gedanken hat er über die Erscheinung, die sie vor einem Jahr gemeinsam gesehen haben? Wie alt ist Tito, als er diesen Tagebucheintrag macht? Welche Konsequenzen zieht Tito aus der Begegnung mit dem Tod? Was hat er durch dieses Erlebnis gewonnen und was hat er verloren? (30 Minuten)

Auswertung

Lassen Sie möglichst viele Teilnehmer ihre Texte vorlesen. Die folgenden Fragen können die Diskussion anregen:

- Habe ich selbst schon einmal eine Erscheinung gehabt? Glaube ich, dass es so etwas gibt?
- Welche Rolle spielt der Tod im Leben von Teenagern? Im Leben von Erwachsenen?
- Was für ein Bild habe ich selbst vom Tod?
- Wie wird in meiner Familie über den Tod gesprochen?
- Was bedeutet der Tod eines Kindes für die Eltern? Was bedeutet er für die Freunde des Kindes?
- Wenn ich Gott wäre, was würde ich im Zusammenhang mit dem Tod ändern?
- Warum gibt es den Tod?
- Wie lange möchte ich leben?
- Wessen Tod würde mir den größten Kummer bereiten?
- Wer würde meinen eigenen Tod am meisten betrauern?

Zwischen Chaos und Kosmos

Manchmal haben wir den Eindruck, die Welt wolle uns zur Verzweiflung treiben will. Wir glauben, dass wir eine gewisse Ordnung in der Welt erkannt haben, aber dann tritt Chaos ein und bringt alles durcheinander. Die Realität spielt verrückt. Ordnung und Zufall, Plan und Unordnung wechseln im ewigen Kampf miteinander ab.

Meist scheint es uns so, dass die Welt rational geordnet ist. Vieles geschieht nach Regeln, Ebbe und Flut können wir mathematisch berechnen, aus Eicheln wachsen ausnahmslos Eichbäume und keine Kastanien. Wenn wir den sternenübersäten Himmel betrachten, dann können wir uns vorstellen, dass ein weiser Gott die Welt erschaffen hat. Vieles scheint zusammenzupassen – Männer und Frauen, Regen und Trockenheit, Geburt und Tod. Und wir können die Ursachen erkennen, weshalb bestimmte Ereignisse eintreten. Wer eine brennende Zigarette in einem trockenem Sommer in den Wald wirft, wird wenig überrascht sein, wenn nach kurzer Zeit ein Waldbrand ausbricht.

Die meisten Kulturen haben die Vorstellung entwickelt, dass sich in der Natur ein göttlicher Geist oder Plan ausdrückt und dass es darum möglich ist, das menschliche Leben nach dem Willen Gottes auszurichten, nach der Bibel, nach dem Tao, nach dem Koran oder nach den Naturgesetzen.

Die Griechen studierten die Sterne und dachten, dass sie ihre Politik an den Gesetzen orientieren könnten, die auch den Himmel regieren. Wir benutzen Forschungslabors und Computer und versuchen, die noch unbekannten Naturgesetze zu entschlüsseln, und wir vertrauen darauf, dass unsere Wissenschaft immer mehr Geheimnisse enthüllen wird, so dass wir noch mehr Kontrolle über die Welt und über unser Leben bekommen.

Aber gerade dann, wenn wir der Meinung sind, dass die Welt vernünftig ist, zeigt sie uns oft ihr anderes Gesicht. Wir glauben, alles geht nach Plan, und dann kommt mitten im Sommer ein Schneesturm, ein behindertes Kind wird geboren oder die Konjunktur bricht ein. Am allerschlimmsten ist es, wenn Menschen jung sterben müssen. Es gibt keinen vernünftigen Grund dafür, dass ein sechsjähriges Kind an Leukämie stirbt. Und wenn irgendein gewissenloser Attentäter auf einen Politiker des Friedens schießt, dann drängt sich der Eindruck auf, dass irgendein gleichgültiger Gott Roulette mit der Welt spielt. Diese willkürlichen Ereignisse rufen in uns existentielle Ängste hervor, sie machen uns Appetit auf Hilfsstrategien, auf Astrologie oder Zauberrituale. Wir versuchen, das wankelmütige Glück zu überlisten und entdecken, dass auch das selten funktioniert. Wir bewundern alle jene, die gesund bleiben, keine Unfälle haben und beim Glücksspiel an der Börse steinreich werden.

Wahres Glück besteht vielleicht nur darin, wenig zu erwarten und die Illusion zu vermeiden, dass Vernunft oder Verdienst die Regeln diktieren. Weise Menschen wissen, dass die Welt unberechenbar ist, darum sind sie vom Unglück nicht überrascht. Wie Kinder entspannen sie sich, wenn sie zu Boden fallen.

Es ist kein Wunder, dass viele Menschen verwirrt reagieren, weil die Welt sich einfachen Rezepten und Regeln versperrt. Um zu überleben, müssen wir lernen, wann wir unsere Vernunft gebrauchen sollten und wann unsere Intuition gefordert ist. Manchmal ist es gut, wenn wir eine rationale Analyse machen, und in anderen Fällen können wir ruhig eine Münze werfen, um uns für eine Vorgehensweise zu entscheiden. Wir haben damit zu leben, dass in der Welt weniger Ordnung herrscht, als es unser Harmoniebedürfnis fordert. Aber auch das Chaos ist nicht so wirksam, dass es unsere Anhänglichkeit an die Vernunft zerstören könnte. Mit all diesen Widersprüchen können wir am besten leben, wenn wir eine gewisse Bescheidenheit entwickeln und die Bereitschaft, das Unvermeidbare hinzunehmen.

Bitte erzählen Sie die folgende Geschichte frei und mit Ihren eigenen Worten:

Die Trauerweide

(japanisches Volksmärchen)

In einem Dorf gibt es eine alte knorrige Weide, viele hundert Jahre alt. Die Dorfbewohner finden unter ihr Schutz vor der Sonne und einen Platz, wo sie sich treffen können.
Der junge Bauer Heitaro kommt oft hierher, um unter der alten Weide zu sitzen und nachzudenken.

Eines Tages wollen die Dorfbewohner eine Brücke über den Fluss bauen. Sie wollen die Weide fällen, um Balken daraus zu gewinnen. Heitaro sagt: „Das möchte ich nicht. Nehmt meine Bäume, aber verschont die Weide.“
Die Dorfbewohner akzeptieren das.

Am nächsten Abend sitzt Heitaro wieder unter der Weide, und eine wunderschöne, junge Frau erscheint ihm.
Sie treffen sich Abend für Abend.
Dann heiraten sie.

Jahre später kommen Boten und verkünden, dass der Kaiser hier einen Tempel bauen will. Die Dorfbewohner fühlen sich geehrt und wollen das Holz für den Tempel geben.
Sie bieten die Weide an.
Heitaro hat keine Bäume mehr und kann die Weide nicht retten.
Er denkt: „Ich werde die Weide verlieren – aber ich habe immer noch meine Frau.“
Die Dorfbewohner fällen die Weide.
Am nächsten Morgen ist Heitaros Frau tot.

Anleitung

Denk eine Weile über die Geschichte nach. Dann bring deine Gedanken und deine Gefühle in die Form eines Gedichtes. Es ist nicht notwendig, dass du die Geschichte in deinem Gedicht nacherzählst. Nimm deine Stimmung und deine Assoziationen als Baumaterial für dein Gedicht. (20 Minuten)

Auswertung

Lassen Sie möglichst viele Teilnehmer ihr Gedicht vorlesen. Folgende Fragen können die Diskussion anregen:

- Warum sind Bäume für Menschen aller Kulturen faszinierend?
- Hast du selbst eine persönliche Beziehung zu bestimmten Bäumen oder zu einem ganz besonderen Baum?
- Was symbolisiert der Baum für dich? Was bewunderst du an ihm?
- Was machst du, wenn du deine innere Balance verlierst? Wie kannst du sie wiederfinden?
- Glaubst du, dass es in der Welt gerecht zugeht?
- Was ist die größte Ungerechtigkeit, die dir selbst widerfahren ist?
- Wie hast du dich selbst wieder aufgerichtet?
- Wie wird Heitaro mit dem doppelten Verlust von Baum und Frau fertig werden?
- Wie schützt du dich gegen Unglück? Hast du einen Talisman?
- Was tust du, wenn du vor einem schwierigen Problem stehst, das du mit Erfahrung und Logik nicht lösen kannst?
- Warum gibt es in der Literatur so häufig das Doppelmotiv von Liebe und Tod?
- Warum taucht dieses Motiv in unseren alltäglichen Gesprächen so selten auf?
- Wie siehst du Heitaros Zukunft?
- Wie wird er mit den Verlusten fertig?

Sich verlieben

Wir können nicht immer verliebt sein, aber viele sehnen sich danach. Wir alle kennen den Zauber dieses Gefühls. Und auch wenn wir erfolgreich und erfüllt leben, fühlen wir uns manchmal einsam und isoliert. Einsamkeit resultiert häufig aus der Tatsache, dass wir für niemanden die Nummer 1 sind. Selten im Leben kommen wir an erster Stelle, nachdem wir diese Position kurzfristig in unserer Kinderzeit genossen haben. Die Liebe kann diesen einzigartigen Zustand wieder herstellen.

Wir können die Liebe nicht herbeizwingen. Sie trifft uns wie ein Blitz. Wer liebt, weiß, dass die Liebe völlig spontan und über Nacht gekommen ist, als Geschenk und nicht als Ergebnis einer systematischen Suche. Wir erleben die Liebe als großes Ereignis, das von außen kommt, darum sprechen wir vom Blitz, von Cupidos Pfeilen oder vom Liebestrank. Aber wir spüren sie in uns als Erfüllung unserer tiefsten Sehnsüchte und unserer ältesten Träume. Sie erneuert und verwandelt uns.

Es gibt zwei große Rätsel der Liebe: den Zeitpunkt, zu dem wir uns verlieben, und wen wir dafür auswählen.

Manchmal sind wir einfach reif für die Liebe. Den meisten Menschen geschieht das zum ersten Mal in der Adoleszenz. Hier kann es geschehen, dass wir uns fast gleichzeitig in zwei verschiedene Personen verlieben. Das wohl berühmteste Beispiel ist Romeo. Obgleich er aus Liebe zu Julia stirbt, war er noch vor ein paar Tagen liebeskrank nach Rosaline. Rosaline hatte seine Liebe abgewiesen. Als Julia seine Liebe erwidert, verwandelt sich Romeo in einen unbedingt und exklusiv Liebenden.

Es gibt Lebensumstände, die es begünstigen, dass wir uns verlieben. Das sind z. B. sind Trennungssituationen und Verluste. Am Ende des Studiums oder zu Beginn eines Krieges, ja selbst am Ende einer Psychoanalyse neigen wir dazu, uns zu verlieben. Und auch die Bereitschaft von Witwen und Witwern, sich bald nach dem Tod eines langjährigen Partners neu zu verlieben, spricht nicht für ihre Treulosigkeit, sondern für die Größe ihres Verlustes. Auch die Abwesenheit von zu Hause bietet einen Anreiz zum Verlieben. Die Trennung schafft neue Möglichkeiten, und ein Teil der Persönlichkeit fühlt sich freier. Darum ist uns der Kurschatten wohlbekannt, auch Urlaubszeiten sind klassische Gelegenheit für eine neue Liebe. Aber auch ohne Verluste und Trennungen können wir uns plötzlich verlieben, wenn wir eine Situation als statisch, langweilig und als zu ereignisarm erleben. Das ist für viele Adoleszenten der Fall, die sich danach sehnen, aus der Familie auszubrechen, und für zahlreiche Erwachsene, die den Eindruck haben, dass sie unglücklich verheiratet sind.

Eine andere wichtige Frage ist: In wen verlieben wir uns? Einige Menschen suchen sich jemanden aus, an dem sie bestimmte Qualitäten bewundern; andere suchen jemanden, den sie retten können, oder jemanden, von dem sie selbst gerettet werden möchten. Manchmal suchen wir uns jemanden aus, der uns an unsere erste Liebe erinnert – an Vater oder Mutter. Während Partnerwahl und Zeitpunkt viele Variationen zeigen können, folgt das Erlebnis des Sich-Verliebens einem gewissen Muster. Oft bemerken wir bestimmte Körperempfindungen – wir haben keinen Appetit, wir atmen schneller, wir leiden an Schlaflosigkeit, unser Herz schlägt heftiger, und Hände und Gesicht sind stärker durchblutet. Manchmal empfinden wir dann Angst, weil wir das Gefühl haben, zuviel von uns zu zeigen.

Nicht immer verlieben wir uns sofort, wenn wir jemanden zum ersten Mal sehen. Oft verlieben wir uns in jemanden, den wir schon lange kennen. Und wenn wir uns verliebt haben, dann fragen wir uns häufig, ob unsere Liebe erwidert wird und ob wir auch die richtige Wahl getroffen haben. Jungen Liebenden hilft das spielerische Ritual, bei dem sie die Blütenblätter eines Gänseblümchens abpflücken: Er liebt mich... er liebt mich nicht... Am Anfang der Liebe schwanken wir häufig zwischen Furcht und Sehnsucht, Qual und Hoffnung. Trotzdem wandern unsere Gedanken und Phantasien ganz unwillkürlich zu dem Geliebten. Wir fühlen uns von unseren Empfindungen fortgetragen, und wenn wir Glück haben und unsere Liebe erwidert wird, dann fühlen wir uns frei wie nie zuvor. Wir sind frei von den

Grenzen unserer Persönlichkeit, wir denken weniger über uns selbst nach als über den geliebten Menschen. Wir binden uns an die andere Person und erleben dennoch eine unbekannte Freiheit in uns selbst. Und die Liebe befreit uns auch von all den Unsicherheiten des Lebens. Unser Leben hat einen Fokus. Alle Aufmerksamkeit richtet sich auf den Liebespartner. Eine Unsicherheit bleibt jedoch: Werde ich weiter so geliebt werden wie jetzt?

Rückblickend erinnern wir uns an den Prozess der ersten Liebe, und sofort fällt uns jenes ekstatische Gefühl ein. In Wirklichkeit verläuft der Prozess des Sich-Verliebens jedoch in unregelmäßigen Höhen und Tiefen. Verlangen und Rückzug, Zweifel und Sehnsucht wechseln einander ab, denn im Unbewussten müssen wir daran arbeiten, das ideale Bild des Geliebten mit der Wirklichkeit zu verbinden.

Wenn wir uns in jemanden verlieben, dann stehen für uns die besonderen Qualitäten des Partners, seine Einzigartigkeit, im Vordergrund. Zunächst neigen wir dazu, alle Eigenschaften des Geliebten zu schätzen. Unser Urteil über den Geliebten unterscheidet sich wesentlich von dem Urteil der objektiver denkenden Freunde und Bekannten. Oft verlieben wir uns in den Klang der Stimme, in kleine Gesten, in das Bild des Geliebten. Dabei übertreiben wir oft erheblich. Der geliebte Mensch erscheint uns unvergleichlich und absolut ideal. Aber es ist notwendig, dass wir ein Echo bekommen, dass der Geliebte auf unsere Begeisterung reagiert und unsere Liebe erwidert. Wir wünschen uns die Erfüllung unserer Sehnsüchte. Dafür haben wir alles andere in der Welt symbolisch zerstört, und die ganze Kraft unseres Verlangens richtet sich auf unseren Partner. Wir möchten ihn oft mit Haut und Haaren verschlingen, und manchmal schreckt der Angebetete davor zurück und fürchtet diesen unendlichen Appetit.

Wenn wir uns verlieben, dann ist das ein riskanter Akt. Wir müssen uns öffnen, wenn wir wirkliche Intimität und Wechselseitigkeit wollen. Aber wenn wir uns öffnen, werden wir verletzlich. Darum brauchen wir ein gewisses Selbstvertrauen und natürlich Vertrauen zum anderen, um auch unsere Schwächen und Fehler eingestehen zu können. Wir tun das in der Hoffnung, trotzdem weiter geliebt zu werden.

Ganz am Anfang fürchten wir, dass unsere Liebe nicht erwidert werden könnte. Dann wenden wir all unsere Verführungskünste an, um ein liebevolles Echo zu bekommen. Wenn jemand sehr ängstlich ist, versucht er den Geliebten dazu zu bringen, die ersten Schritte zu tun und als erster seine Liebe zu gestehen. Der Prozess des sich Sich-Verliebens ist erst dann auf dem Höhepunkt, wenn beide Partner sich offenbaren.

Und auch dann bleibt die Frage, wie ernst es der andere meint. Die junge Liebe stützt sich oft auf eine ganze Serie von Liebesproben, um herauszufinden, wie ernst es dem anderen ist. In der Mythologie muss der Held seinen Wert und seine Ernsthaftigkeit dadurch beweisen, dass er ein gewaltiges Hindernis bezwingt, ehe er die Partnerin gewinnt. Er muss einen Wettbewerb oder einen Kampf gewinnen, erst dann hat er den Beweis angetreten, dass er mit Haut und Haar zu lieben bereit ist.

Manche Menschen haben so viel Angst vor Zurückweisung und Enttäuschung, dass sie die ganze Kraft ihrer Liebe erst nach dem Tod des Geliebten spüren. Dann besteht für sie nicht mehr die Gefahr, im Stich gelassen und gedemütigt zu werden. In vielen Beziehungen wirken sich Schutzbedürfnis und Misstrauen böse aus, wir erreichen dann nie die Tiefe der Liebe, die uns eigentlich möglich wäre. Liebe und Vorsicht schließen einander aus.

Bitte erzählen Sie die folgende Geschichte frei und mit Ihren eigenen Worten:

Die beiden Türen

(Autor unbekannt)

Der König sprach niemals ein Todesurteil aus. Er hatte seine eigene Methode:

Der Verbrecher wurde in eine Arena geführt, die zwei Türen hatte.

Hinter der einen Tür wartete ein hungriger Tiger.

Hinter der anderen Tür wartete ein wunderschönes Mädchen.

Der Delinquent wusste nicht, hinter welcher Tür Tod oder Leben auf ihn wartete.

Er musste wählen: Gefressen werden oder das Mädchen heiraten.

Das war gerecht – der Mensch konnte sein Schicksal in die eigene Hand nehmen.

Der König hatte eine Tochter. Sie verliebte sich in einen armen Soldaten.
Der König wurde wütend und ließ den jungen Mann verhaften.
Aus der Arena schaute er nach oben zum König und zu dessen Tochter.
Die Prinzessin wusste, was hinter jeder Tür wartete. Welches Zeichen gab sie ihrem Geliebten?

❦

Anleitung
Beschreibe das Leben der Prinzessin bis zu dem dramatischen Tag, an dem es für den Geliebten um Leben oder Tod geht. Wie alt ist die Prinzessin an diesem Tag? Skizziere die Vorgeschichte mit nicht mehr als zehn Sätzen. (10 Minuten)

Beschreibe die Persönlichkeit des Königs. Wie verstehst du seine besondere Art zu bestrafen? Welche Beziehung hat der König zu seiner Tochter? (10 Minuten)

Was tut die Prinzessin? Schreibe auf, wie die Geschichte zu Ende geht. Ziehst du einen tragischen Schluss oder ein Happy End vor? (15 Minuten)

Auswertung
Lassen Sie verschiedene Texte vorlesen: Zur Vorgeschichte, zur Persönlichkeit des Königs und zu möglichen Lösungen, die die Prinzessin finden könnte. Die folgenden Fragen können die Besprechung anregen:

- Warum verlieben wir uns, und warum ist dieses Gefühl so stark?
- Warum reagiert der König auf die Verliebtheit seiner Tochter so wütend?
- Liebt der König seine Tochter?

- Kann man sich einen Grund dafür vorstellen, dass sich die Prinzessin in einen armen Soldaten verliebt und nicht in einen Mann ihres Standes?
- Was erwartet der junge Soldat von seiner Geliebten?
- Kann die Prinzessin akzeptieren, dass der Geliebte das andere Mädchen heiratet?
- Kann die Prinzessin zusehen, wie der Geliebte vom Tiger gefressen wird?
- Wie könnte die Prinzessin den Sinn ihres Vaters ändern?
- Kennst du Eltern, die sich in die Liebesgeschichten ihrer Kinder einmischen?
- Gibt es Situationen, wo Eltern sich einmischen sollten?
- Wann hast du dich selbst das letzte Mal verliebt?
- Was riskieren wir, wenn wir uns verlieben?
- Welche Opfer müssen wir der Liebe bringen?
- Was macht uns erwachsen: Arbeit oder Liebe?
- Hältst du den König für großmütig? Braucht er einen Anstoß, um verzeihen zu können?
- Wieviele Grenzüberschreitungen enthält diese Geschichte?

Verbotene Liebe

Wer sich verliebt, erlebt die neue Liebe oft als vollständigen Bruch mit der Vergangenheit. Aber viele Verliebte empfinden auch eine innere Vertrautheit. Sie haben den Eindruck, den anderen schon lange zu kennen, in ihren Träumen schon immer mit ihm/ihr gesprochen zu haben. Und auch der Mythos sieht die Wurzeln der Liebe in der Vergangenheit. Die Liebe ist die Suche nach der eigenen „verlorenen" Hälfte; die Liebe bringt eine Wiederherstellung, den Endpunkt einer langen Suche nach dem, was wir verloren haben.

Gleichzeitig trennt die Liebe uns von unserer eigenen Vorgeschichte. Indem wir uns engagieren, beginnen wir ein neues Leben und verlassen die Familie, in die wir hineingeboren wurden. Oft treffen wir damit eine wichtige Entscheidung über unseren Lebensweg, die unsere ganze zukünftige Entwicklung bestimmt.

In gewisser Weise finden wir durch die Liebe etwas, das uns verloren gegangen war. Aber gleichzeitig entsteht durch die Liebe eine ganz neue Erfahrung. Die Liebe heilt nicht nur unsere Verluste, sie verändert uns und macht uns reifer.

Früh im Leben entwickelt das Kind das Bild von der guten Mutter, die alle Bedürfnisse befriedigt. Die Mutter wird in einem hohen Maße idealisiert. Erst sehr viel später kann das Kind akzeptieren, dass die Mutter auch Schattenseiten hat. Eine solche Idealisierung wiederholt sich, wenn wir uns verlieben. Auch hier empfinden wir große Sehnsucht, mit dem/der Geliebten zusammen zu sein.

In den ersten Jahren des Lebens richtet sich die Sehnsucht des Kindes ausschließlich auf die Eltern. Die Eltern sind das große Ideal, das Vorbild, und die Identifikation mit diesem Vorbild stärkt das Selbstwertgefühl des Kindes.

Wenn das Kind älter wird, muss es selbständiger werden. Dazu ist es notwendig, dass es die Idealisierung der Eltern aufgibt und übt, andere Personen mit derselben Hingabe zu lieben. Kurz vor der Pubertät erfinden deshalb viele Kinder „Ersatzeltern", mit denen sie sich in ihrer Phantasie intensiv beschäftigen. In ihren Tagträumen stellen sie sich vor, von diesen anderen Eltern adoptiert oder entführt zu werden, und in der Regel sind diese Ersatzeltern besser als die biologischen Eltern – sie haben einen höheren Status, sie sind weltgewandter, verständnisvoller. Solche Ersatzeltern finden wir auch in verschiedenen Mythen. Viele große Helden – Ödipus, Moses und Superman – wurden von ihren wahren Eltern verlassen, um dann adoptiert zu werden. Die Vorstellung von idealen Ersatzeltern hilft uns, ein positives Bild der Zukunft zu entwickeln und einen Lebenstraum zu formulieren.

Aber Kinder träumen nicht nur von idealen Eltern. Manchmal haben sie Angstträume, in denen böse oder bedrohliche Eltern vorkommen. Dann träumen sie von Hexen, von Zauberern, die ihnen Böses antun wollen.

In der Pubertät trennen sich die Kinder innerlich weiter von ihren Eltern und idealisieren sie weniger. Ganz natürlich leidet das Selbstwertgefühl der Teenager darunter. Sie müssen sich neue Helden und Heldinnen suchen, mit denen sie sich identifizieren können. Diese Personen dienen als Modelle. Der Jugendliche möchte so werden wie sie. Manchmal sucht sich der Jugendliche diese Modelle unter den gleichaltrigen Freunden; manchmal wählt er sich Vorbilder aus, die schon ein paar Jahre älter sind; oft sind das Personen, die er gar nicht persönlich kennt – Popstars, Schauspieler oder Sportler, die über die Qualitäten verfügen, die der Jugendliche sich für sich selbst wünscht.

Und der ältere Jugendliche verliebt sich normalerweise in Personen des anderen Geschlechts, und die Liebe bekommt sexuelle Töne. Er möchte nicht nur wie die idealisierte Person sein, sondern er möchte mit ihr zusammen sein. Häufig verlieben sich die Jugendlichen in Freunde der Familie oder entfernte Verwandte, die jünger sind als die eigenen Eltern, aber deutlich älter als sie selbst. Im Umgang mit ihnen lernen sie zu flirten, und in der Phantasie können sie sich in Ruhe ausmalen, wie sich diese Beziehung entwickeln könnte.

In vielen Fällen bleibt diese Verliebtheit das Geheimnis des Jugendlichen. In der Phantasie kann er experimentieren, und da es auf diese Weise zu keiner Enttäuschung kommt, bleibt das Ideal unverletzt. Aber später genügt uns die imaginäre Liebe nicht mehr. Wir wünschen uns wirkliche Liebe und wirkliche Intimität. Dann müssen wir unsere Sehnsucht in Taten umsetzen und den Versuch wagen, eine Wechselseitigkeit zu erzielen zwischen dem Objekt unserer Liebe und uns selbst.

Eine besondere Rolle spielt die erste Liebe, bei der wir uns dem/der Geliebten gegenüber offenbaren. In diesem Augenblick beginnt ein neuer Lebensabschnitt, ein gemeinsamer Weg, den wir mit dem Geliebten gehen wollen. Dazu müssen wir uns von alten Banden und Verpflichtungen trennen. Vor allem bedeutet das, dass wir uns psychologisch von den Eltern trennen, denn wir müssen ganz neue Prioritäten setzen. Bei Romeo und Julia wird die psychologische Notwendigkeit der Trennung von den Eltern symbolisch durch den Konflikt zwischen den Familien der beiden Liebenden gezeigt. Und in der Tat bedeutet die psychologische Trennung von den Eltern immer einen dramatischen Schritt, der bei allen Beteiligten seelische Erschütterungen auslösen kann. Oft ist dieser Schritt auch für die Eltern schwer, weil sie sich damit abfinden müssen, nicht mehr die wichtigsten Personen für ihre Kinder zu sein. Das ist ein Verlust, und dadurch ist die erste Liebe der Kinder für die meisten Eltern ein schmerzliches Erlebnis. Manche Eltern sabotieren deshalb diesen Schritt und suchen alle möglichen Gründe, um zu intervenieren; manchmal wird den Eltern erst in dieser Situation klar, dass ihre eigene Liebesbeziehung jene Aufregung und Intensität längst verloren hat, um die sie ihr Kind jetzt beneiden.

Aber erste Liebe bedeutet nicht nur Trennung von der Vergangenheit, von den Eltern, sie bedeutet nicht nur eine De-Idealisierung der alten Vorbilder. Jetzt wird die neue Verbindung idealisiert, und die Liebenden genießen das Gefühl der Bedeutung und der Einzigartigkeit, die sie für den anderen haben. Sie starten einen erwachsenen Liebesdialog. Dabei hat die erste Liebe eine besondere Bedeutung, wie alles, was wir zum ersten Mal erleben. Sie bekommt einen privilegierten Platz in unserer Erinnerung. Später erleben wir weitere Liebesdialoge. Wir haben die Fähigkeit und das Bedürfnis, uns im Leben immer neu zu verlieben, denn die Liebe schenkt uns nicht nur Intimität, Leidenschaft und Sexualität, Selbstachtung und Lebensfreude usw., sie ist auch ein wichtiger Katalysator für unsere Vitalität. Sie macht unsere Seele lebendig, sie stößt wichtige Veränderungen in unserer Psyche an. Unser Selbst hat einen großen Hunger nach Erfahrungen. Die Liebe lässt unser Selbst beweglich und veränderungsbereit sein; sie macht uns experimentierbereit auch in anderen Lebensbereichen – im Beruf, in unseren künstlerischen oder wissenschaftlichen Fähigkeiten.

Bitte erzählen Sie die folgende Geschichte frei und mit Ihren eigenen Worten:

Kalt wie Eis

(volkstümliche Geschichte aus England)

Ein Bauer hatte eine Tochter, die er mehr liebte als alles andere auf der Welt. Sie verliebte sich in einen Knecht, der Hannes hieß.
Dem Bauern war Hannes nicht gut genug für seine Tochter.
Er schickte die Tochter weg zur Familie ihres Onkels, damit sie Hannes vergessen sollte.
Bald nach dieser Trennung wurde Hannes krank und starb.
Alle sagten: „Er starb an gebrochenem Herzen."
Der Bauer fühlte sich schuldig an diesem Tod. Er mochte seiner Tochter nicht sagen, was geschehen war.
Die Tochter sehnte sich nach Hannes und malte sich aus, wie schön das Leben mit ihm wäre.

Eines Nachts klopfte es an ihre Tür. Sie öffnete, und Hannes stand vor ihr.
„Dein Vater hat mir befohlen, dich zu ihm zu bringen."
„Ist irgendetwas passiert?"
„Ich weiß nicht."
Die beiden ritten los; sie saß hinter ihm auf dem Pferd.

Bald klagte Hannes über Kopfschmerzen: „Mein Kopf tut schrecklich weh.“

Sie legte ihre Hand auf seine Stirn. „Du bist kalt wie Eis. Ich hoffe, du bist nicht krank.“ Dann band sie ihm ihr Taschentuch um den Kopf.

Nach ein paar Stunden erreichten sie den Hof. Das Mädchen stürmte ins Haus. Ihr Vater war überrascht.

„Hast du mich nicht holen lassen?“

„Nein.“

Das Mädchen drehte sich nach Hannes um, aber der war verschwunden und mit ihm das Pferd.

Vater und Tochter gingen in den Stall. Das Pferd stand da, schweißbedeckt und zitternd. Von Hannes keine Spur.

Der Vater bekam es mit der Angst. Jetzt sagte er der Tochter die Wahrheit, dass Hannes gestorben war.

Vater und Tochter gingen zu den Eltern des Jungen. Sie beschlossen, das Grab zu öffnen.

Hannes Leiche lag im Sarg, aber um seinen Kopf war das Taschentuch des Mädchens gebunden.

Anleitung

Erfinde die Vorgeschichte. Beschreibe in fünf Sätzen das Leben des Mädchens, bis es sich verliebte. Mach dasselbe für den Jungen und beschreibe in fünf Sätzen sein Leben. (15 Minuten)

Beschreibe ihre verbotene Liebe.

- Wie kam es, dass die beiden sich ineinander verliebten?
- Welches Ideal sieht Hannes in dem Mädchen? Was macht sie für ihn einzigartig?
- Welches Ideal sieht das Mädchen in Hannes? Worin sieht sie seine Vorzüge?
- Wessen Liebe hältst du für stärker?
- Warum ist Hannes in einer schwächeren Position?

Beschreibe diese erste Liebe der beiden auf maximal zwei Seiten. (20 Minuten)

Wie geht die Geschichte weiter? Beschreibe in zehn Sätzen das weitere Leben von Vater und Tochter.

- Können die beide ihre alte Beziehung wieder aufnehmen? Was hat sich geändert?
- Wie wird der Vater mit seiner Schuld fertig?
- Wie reagiert die Tochter auf den Tod des Geliebten, auf den Verlust und auf das zerstörte Vertrauen zum Vater?
  (15 Minuten)

Auswertung

Lassen Sie möglichst viele Teilnehmer, die glauben, eine interessante Lösung gefunden zu haben, ihre Texte vorlesen. Die folgenden Fragen können die Besprechung anregen.

- Wie siehst du den Zusammenhang zwischen Verliebtheit und Liebe?
- Warum stirbt Hannes?
- Glaubst du, dass jemand an gebrochenem Herzen sterben kann?
- Welche Botschaft gibt das Märchen den Zuhörern?
- Welche Personen werden in diesem Märchen kritisiert?
- Was fällt dir zu dem Titel des Märchens ein?
- Inwiefern könnte man sagen, dass die Liebe aller Beteiligten „zu kalt“ ist?
- Warum sprechen wir von heißer Liebe? Was bedeutet diese Metapher?
- Hast du selbst schon einmal eine „heiße Liebe“ riskiert?
- Welche Gefahr laufen Eltern, wenn sie sich in Liebesbeziehungen ihrer Kinder einmischen?
- Warum leiden Eltern häufig, wenn die Kinder ihre erste Liebe erleben bzw. wenn sie heiraten?
- Warum haben Eltern häufig Affären, wenn ein Kind heiratet?
- Welche Feinde hat die Liebe?

Unglückliche Liebe

Jede Liebesgeschichte verläuft anders. Jede hat einen besonderen Anfang und jede geht anders aus. Für einige Menschen ist sie der Himmel auf Erden, die Liebe bleibt und floriert. Für viele wandelt sich leidenschaftliche Liebe in liebevolle Verbundenheit. Für andere bedeutet Liebe, unglücklich zu sein; wenn die Liebe nicht erwidert wird, wenn sie in einer destruktiven Beziehung steckenbleiben. Am traurigsten ist das Schicksal derjenigen, die zusammenbleiben, auch wenn ihre Liebesbeziehung zu einer leeren Hülle geworden ist.

Das Leiden an der Liebe zeigt uns, wie stark das Erlebnis der Liebe sein kann. Liebe weckt Wünsche und Phantasien aus unseren ersten Lebensmonaten. Wenn Liebe nicht erfüllt wird, dann kann sie unser Selbstbewusstsein verwüsten und uns in Melancholie stürzen. Verlorene Liebe kann uns andererseits ein ganzes Leben lang inspirieren: Dante ist das klassische Beispiel. Es ist darum gut verständlich, dass die verlorene Liebe eines der großen Themen in unserem Leben ist, ebenso wie in Literatur, Theater und Film.

Verlorene Liebe kann unsere Phantasie anregen, uns auszumalen, was möglich gewesen wäre. Filme, wie „Casablanca" oder „Vom Winde verweht" zeigen, wie mächtig diese Phantasie sein kann. Für die Zuschauer hat diese nostalgische Phantasie eine große Bedeutung. Sie bestätigt den Glauben an die Möglichkeit der großen Liebe.

Noch tragischer als die verlorene Liebe ist die abgestorbene Liebe. Die meisten Menschen kennen das. Auch wenn die Liebe am Anfang leidenschaftlich war, kann sie zu Ende gehen. Manchmal erlischt die Flamme der Liebe wie bei einem Feuer, das keine weitere Nahrung findet. Die Liebe vergeht und wird von Apathie, Langeweile oder Ruhelosigkeit ersetzt, manchmal auch durch Ressentiments und Wut. Die Liebe kann langsam zu Ende gehen oder plötzlich als Resultat wachsender Enttäuschung, mit oder ohne offen gezeigten Ärger. Manchmal vergeht die Liebe für beide Partner gleichzeitig, manchmal stirbt das Gefühl nur in einem der beiden. Oft glauben wir irrtümlicherweise, dass das Absterben der Liebe zwar traurig ist, aber verschmerzt werden kann. Derjenige, der feststellt, dass er den Partner nicht länger liebt, fühlt sich vielleicht enttäuscht, leer und erschöpft. Und vielleicht betrauert er nicht nur den Verlust der Liebe, sondern auch den Verlust des Glaubens an die Liebe, den Verlust der Hoffnung und den Verlust der unschuldigen Leidenschaft. Zu Ende ist nicht nur ein Liebesverhältnis, sondern auch der Glaube, dass die Liebe überhaupt ein Leben lang anhalten kann. Und der nicht länger verzauberte Liebende erlebt nicht nur das Ende einer Illusion, sondern eine Verarmung seines seelischen Lebens, seiner Imagination, seiner Kreativität. An Ende einer großen Liebe fühlen sich manche ausgebeutet. Häufig ist es die Frau, die den Mann loyal geliebt und unterstützt hat und ihm das Fundament für seine berufliche oder künstlerische Entwicklung bereitet hat. Oft wendet sich dann später der erfolgreiche Partner einer neuen Liebe zu. Das ist nicht nur pure Undankbarkeit; die innere Entwicklung beider Partner ist nicht mehr synchron verlaufen, und nachdem die Hilfe der Frau nicht mehr gefragt ist, gibt es nichts mehr, was beide verbindet. Diese Entwicklung kann für beide sehr schmerzhaft sein.

Aber oft wird das Ende der Liebe von Zorn, Abneigung und Verachtung für den Ex-Geliebten begleitet. Sobald Gefühle der Ausbeutung, der Einschränkung, der Enttäuschung, der Einseitigkeit stärker sind als das, was wir durch die Beziehung gewinnen, können Verletzungen, Ärger und Depression eintreten. Häufig möchten die Partner die Beziehung und den Status quo aufrechterhalten, darum ignorieren sie ihre negativen Gefühle und suchen die Gründe für die Schwierigkeiten häufig bei sich selbst. Aber dann können all diese Schwierigkeiten und Differenzen, die unter den Teppich gekehrt wurden, zu Depression und Apathie führen. Oft brechen diese Emotionen erst dann durch, wenn einer der Partner die Aussicht auf eine neue Liebesbeziehung hat. Bleiben diese Gefühle im Untergrund, dann fühlt sich der Betroffene in einer Falle und wie gelähmt. In den 70er Jahren haben viele Frauen die Chance genutzt, durch berufliche Unabhängigkeit, neue Vitalität in ihr Leben zu bringen. Diese Frauen konnten besser mit ihren negativen Gefühlen über ihre enttäuschenden Beziehungen fertig werden. Besonderes Glück hatten jene Paare, wo die Partner ihre Schwierigkeiten einander offenbaren konnten und Wege fanden, ihre Konflikte zu lösen.

Wenn die Liebe jedoch endgültig scheitert, dann kann eine Kette von negativen Emotionen aufkommen, das negative Spiegelbild all der positiven Gefühle, die den Prozess des Sich-Verliebens begleitet haben. Auch Verachtung und Abscheu, die wir dann für den Partner empfinden, können außerordentlich intensiv sein. Wir hassen die Art, wie der Partner isst, wie sich der Partner bewegt, wir können sein Parfum oder seinen Körpergeruch nicht mehr ausstehen. Die Körperlichkeit des Partners geht uns auf die Nerven. Was wir verloren haben, ist unsere Idealisierung des Partners. Darum lebt für uns in diesem Körper nicht länger ein idealer Geist, den wir angebetet haben. Wir lehnen den Körper ab, weil wir die Seele des anderen nicht länger schätzen. Der desillusionierte Liebende beginnt, sich zu langweilen. Schweigen ersetzt die Kommunikation, der Partner wird als Fremder erlebt, der kein Interesse mehr weckt. Manchmal wird der Partner bestraft oder gedemütigt, weil er unbewusst für den Verlust der Begeisterung verantwortlich gemacht wird. Und natürlich entwickeln die Partner Fluchtgedanken. Wie können sie aus dieser Sackgasse herauskommen, die keine Inspiration mehr bietet?

Das Ende der Liebe ist ein Prozess mit distanzierenden Aktionen, die manchmal durch Versöhnungswünsche aufgefangen werden. Dieses Hin und Her dauert an, bis einer der Partner sich entscheidet, die Beziehung offiziell zu beenden. Das bedeutet jedoch nicht, dass dies leichtherzig getan werden kann oder voller Freude. Auch diese Trennung ist ein Verlust und ruft Trauer hervor.

Bitte erzählen Sie die folgende Geschichte mit Ihren eigenen Worten. Gehen Sie in diesem Falle bitte abschnittsweise vor, damit die Teilnehmer Gelegenheit haben, nach jedem Schritt die vorgeschlagene Schreibaufgabe zu bearbeiten.

Das Einhorn

(nach James Thurber)

Ein Ehemann erwacht und blickt aus dem Fenster.

(Beschreibe den Ehemann. – 5 Minuten)

Er sieht, wie ein wunderschönes Einhorn im Garten an einer Lilie knabbert.

(Beschreibe den Garten. – 5 Minuten)

Der Mann weckt seine Frau und erzählt ihr von dem Einhorn. Sie sagt: „Sei nicht albern, das ist unmöglich, das Einhorn ist ein mythologisches Tier."

(Beschreibe die Frau. – 5 Minuten)

Der Ehemann geht in den Garten, um sich das Einhorn genauer anzusehen, aber es ist verschwunden. Er setzt sich auf eine Bank zwischen die Rosenstöcke und schläft ein. Er hat einen Traum.

(Beschreibe den Traum des Mannes. – 10 Minuten)

Die Frau zieht sich schnell an. Sie ruft die Polizei und einen Psychiater an. Sie erklärt ihnen, ihr Mann habe den Verstand verloren, und fordert sie auf, schnell mit einer Zwangsjacke zu kommen.

(Beschreibe den Psychiater. – 5 Minuten)

Sie sagt zu dem Psychiater: „Mein Mann hat gesagt, er habe im Garten ein wunderschönes Einhorn gesehen, das eine Lilie fraß."

Der Psychiater fragt den Mann: „Haben Sie im Garten ein Einhorn gesehen, wie es eine Lilie fraß?"

Der Mann antwortet darauf: „Natürlich nicht, denn das Einhorn ist ein mythologisches Tier."

Anleitung

Schreibe auf, wie die Geschichte zu Ende geht. (15 Minuten)

Auswertung

Lassen Sie zunächst verschiedene Versionen der einzelnen Schreibaufgaben vorlesen und am Ende dann verschiedene Versionen des Schlusses. Bei Thurber geht die Geschichte so aus, dass der Psychiater die

Polizei anweist, der Frau die Zwangsjacke anzulegen und sie in die Psychiatrie zu bringen. Danach führt der Mann ein glückliches Leben.

Bei dieser Übung kann es lohnend sein, alle Texte an den Wänden auszuhängen, so dass die Teilnehmer herumgehen und lesen können, auf welche Einfälle die anderen Gruppenmitglieder gekommen sind.

Folgende Fragen können die Besprechung anregen:

- Wie kommt es dazu, dass Liebe vergeht?
- Wie reagieren Ehepartner aufeinander, wenn ihre Liebe endgültig gescheitert ist?
- Was veranlasst sie, dennoch zusammenzubleiben? Was kann sie dazu bringen, sich zu trennen?
- Nimmt der Psychiater in dieser Geschichte eine objektive Haltung ein?
- Was kann ihn möglicherweise dazu gebracht haben, dass er sich auf die Seite des Mannes stellt?
- Welche anderen Möglichkeiten hätte dieses Paar, um aus dem Gefängnis ihrer toten Liebe auszubrechen?
- Warum hat der Autor das Symbol des Einhorns benutzt? (Traditionell gilt das Einhorn als Verbündeter für die Kräfte des Guten. Es ist absolut intolerant gegen Hass, Grausamkeit und alles, was falsch ist. Es hat ein reines Herz und ist seinem Schöpfer durch Liebe und Gehorsam verbunden. Es beschützt die Schwachen und Unschuldigen.)
- Welche „Fehler" machen Frauen häufig in ihrer Beziehung?
- Mit welchen „Fehlern" gefährden Männer typischerweise ihre Beziehung?
- Welche Situationen führen in der Ehe fast immer zu einer Krise?
- Welche Qualitäten brauchen die Partner, um eine Krise in ihrer Beziehung zu überwinden?

Dreiecksbeziehung

Geschichten, die sich um Dreiecksbeziehungen ranken, beflügeln unsere Vorstellungskraft genauso wie Erzählungen von exklusiver Liebe. Wenn wir von solchen Konstellationen hören, dann sind wir fasziniert, entsetzt, manchmal fühlen wir uns selbst bedroht, je nachdem, wie unsere eigene Lebenssituation ist, und wir stellen uns vor, wie sich eine Dreiecksbeziehung in unserem eigenen Leben auswirken könnte. Fast jeder spürt große Neugier, wenn es um Dreiecke geht, und das ist gut verständlich. Unsere erste Dreiecksbeziehung erlebten wir, als wir all die gemischten Gefühle empfanden, die mit dem Ödipuskomplex verbunden sind. In der Adoleszenz haben wir dieses Drama noch einmal aktiviert, um dann endlich in unserer ersten Liebesbeziehung außerhalb der Familie den Genuss zu erleben, die wichtigste Person für den geliebten Partner zu sein. Aber Dreiecke bleiben wichtige Herausforderungen im Verlaufe des Lebens, und sie können uns manchmal bereichern, manchmal ins Unglück stürzen. Oftmals entsteht die Liebe erst im Zusammenhang mit einer Dreiecksbeziehung, und einige unserer Ikonen der Liebe sind hochgradig ehebrecherisch: Tristan und Isolde, Lancelot und Genoveva, Paolo und Francesca.

Die Literatur des Westens hat sich immer schon intensiv mit dem Ehebruch befasst. Die europäische Literatur beginnt in Homers Ilias mit dem Raub der schönen Helena. Im frühen Mittelalter basierte das Modell der höfischen Liebe ebenfalls auf Ehebruch, allerdings auf virtueller Treulosigkeit. Die Frau musste verheiratet sein, am besten mit einem älteren Adligen, dann erst konnte sie von ihrem jüngeren Verehrer begehrt und besungen werden. Auch hier begegnet uns die Ödipuskonstellation, verbunden mit einem starken Tabu. Später löst sich dieses Tabu auf, und der vollzogene Ehebruch wird ein Standardthema in der europäischen und amerikanischen Literatur. Bis heute ist der Ehebruch eines der wichtigsten Themen in der europäischen Literatur. Viele große Romane des 19. Jahrhunderts enthalten dieses Motiv. Zu den bekanntesten gehören „Madame Bovary“ und

„Anna Karenina". In vielen Romanen berührt der Ehebruch nicht nur das Thema der persönlichen Grenzüberschreitung, sondern es geht auch um Grenzüberschreitung im sozialen Bereich. Im Leben wie in der Literatur, finden häufig besonders leidenschaftliche Liebesbeziehungen statt, wenn einer der Partner verheiratet ist. Vielleicht resultieren diese intensiven Gefühle daraus, dass die Liebenden die Grenzen der sozialen und psychologischen Tabus durchbrechen.

In der Geschichte von den blauen Steinen wird die Thematik von Eifersucht und Verlangen auf besonders subtile Weise ins Spiel gebracht. Hier besteht das Dreieck aus dem Kapitän, der seine Liebe zwischen seinem Schiff, „personifiziert" in der Galionsfigur, und seiner Frau aufteilt. Für die Frau ist das Schiff die Rivalin. Sie zögert deshalb keine Sekunde, diese Rivalin zu „blenden", indem sie ihr die beiden magischen blauen Steine raubt. Damit setzt sie eine Tragödie in Gang, bei der sie selbst das Augenlicht und später auch den Mann verliert. Interessanterweise erleben die beiden Helden das erotische Dreieck unterschiedlich. Die Frau rivalisiert mit dem Schiff, um mehr von der Liebe des Mannes zu bekommen. Die blauen Steine sind ein Symbol für das, was sie nicht an Liebe bekommen kann. Indem der Mann seine Liebe zwischen seinem Schiff und seiner Frau aufteilt, fühlt er sich weniger abhängig. Dabei übersieht er allerdings die tiefe Unzufriedenheit seiner Frau. Diese emotionale Blindheit wird später durch die Blindheit der Galionsfigur ausgedrückt, die, ihrer Edelsteinaugen beraubt, dem Schiff nicht länger helfen kann, den richtigen Weg zu finden. Aber alle diese Motive werden vielfältig miteinander verschlungen, so dass wir von dieser Geschichte fasziniert sind, ohne genau sagen zu können, woran das liegt.

Bitte erzählen Sie die folgende Geschichte frei und mit Ihren eigenen Worten:

Die blauen Steine

(nach Isak Dinesen)

Es war einmal ein Kapitän, der gab seinem Schiff den Namen seiner Frau. Die Galionsfigur trug ebenfalls die Züge seiner Frau, und ihr Haar war vergoldet. Aber die Frau war eifersüchtig.

„Du denkst mehr an die Galionsfigur als an mich", sagte sie zu ihm.

„Nein", antwortete er, „ich schätze sie so sehr, weil sie so ist wie du; immer sehe ich dich in dieser Figur. Ist sie nicht prächtig, mit ihrem vollen Busen? Tanzt sie nicht in den Wellen, so wie du damals auf unserer Hochzeit? In gewisser Weise ist sie sogar noch netter zu mir, als du es bist. Sie galoppiert in die Richtung, die ich vorgebe, und sie lässt ihre langen Haare herabfallen, während du deine unter einer Kappe versteckst. Aber leider wendet sie mir den Rücken zu. Wenn ich einen Kuss haben möchte, komme ich zu dir zurück."

Auf einer seiner Reisen half der Kapitän einem König bei einer Revolte. Zum Abschied schenkte der König ihm dafür zwei große kostbare blaue Steine. Diese ließ der Kapitän als Augen in das Gesicht seiner Galionsfigur einsetzen. Als er nach Hause kam, erzählte er seiner Frau von diesem Abenteuer und sagte: „Jetzt hat sie auch noch deine blauen Augen."

„Du solltest mir diese Steine für ein Paar Ohrringe geben", sagte die Frau.

„Nein", sagte er, „das kann ich nicht. Du würdest mich nicht darum bitten, wenn du verstehen würdest."

Aber die Frau konnte nicht aufhören, sich über die blauen Steine zu grämen. Und eines Tages, als der Kapitän sich mit alten Freunden traf, rief sie einen Glaser, ließ ihn die blauen Steine herausnehmen und zwei Stücke blauen Glases an ihrer Stelle einsetzen.

Der Kapitän bemerkte das nicht, sondern startete zu seiner nächsten Reise.

Nach einiger Zeit stellte die Frau fest, dass ihre Sehkraft nachließ und dass sie nicht mehr in der Lage war, eine Nadel einzufädeln. Sie ging zu einer weisen Frau und bekam von ihr Salben und Tink-

turen. Aber all das half ihr nicht, und am Ende schüttelte die alte Frau den Kopf und sagte ihr, sie habe eine seltene und unheilbare Krankheit. Sie würde schrittweise erblinden.

„Oh, Gott!“, rief die Frau. „Schick das Schiff zurück in unseren Hafen. Dann werde ich das Glas wieder entfernen und die Juwelen zurückgeben.“

Aber das Schiff kehrte nie wieder nach Hause zurück. Statt dessen erhielt die Frau des Kapitäns einen Brief, in dem stand, dass das Schiff ihres Mannes untergegangen war; der Berichterstatter schrieb, das Schiff sei am hellichten Tage gegen einen steilen Felsen gefahren, der hoch aus dem Meer aufragte.

❦

Anleitung

Beschreibe die doppelte Liebe des Mannes. Auf welche Weise liebt er seine Frau? Auf welche Weise liebt er die Galionsfigur? Welche leisen Vorwürfe macht er seiner Frau? (10 Minuten)

Beschreibe die Liebe der Frau. Auf welche Weise liebt sie ihren Mann? Wie ist ihr Interesse an den Steinen zu verstehen? Welchen Vorwurf macht sie ihrem Mann? (10 Minuten)

Schreibe den inneren Monolog der Frau auf, in dem sie dem Mann alle Enttäuschungen mitteilt, die sie in ihrer Ehe erlebt. Worum beneidet die Frau ihren Mann? Worum beneidet sie die Galionsfigur? (10 Minuten)

Gib der Geschichte einen anderen Schluss: Die Frau verliert nicht ihr Augenlicht, aber das Schiff des Mannes geht unter. Was macht die Frau dann mit ihrem Leben? Beschränke diesen neuen Schluss auf zehn Sätze. (10 Minuten)

Erfinde jemanden, der in einer festen Beziehung lebt und von seinem Partner betrogen wird. Zeige in deiner Geschichte, wie sich dieses Dreieck entwickelt und welche Gefühle die drei Beteiligten füreinander haben. Lass den Betrug ans Licht kommen und zeige, wie sich der betrogene Partner verhält bzw. was der Dritte im Bunde danach tut. (20 Minuten)

Auswertung

Lassen Sie möglichst viele Teilnehmer einen ihrer Texte vorlesen.

Folgende Fragen können die Besprechung anregen:

- Kennst du selbst Eifersucht? Wie erlebst du dieses Gefühl?
- Bei einigen Menschen steigert Eifersucht die Leidenschaft, bei anderen tötet sie die Liebe? Warum?
- Glaubst du, dass der Mensch von Natur aus treu ist?
- Wie entstehen Loyalität und Treue in einer Verbindung zwischen zwei Menschen?
- In dieser Geschichte ist Blindheit ein Leitmotiv. Wer alles ist mit Blindheit geschlagen und inwiefern?
- Wie ist die Macht in dieser Beziehung verteilt?
- Worin besteht die Botschaft der Geschichte?
- Wie könnte man die Kommunikation zwischen den Partnern beschreiben?
- Ist der Kapitän ein Macho?
- Inwiefern verhält sich die Frau unemanzipiert?
- Worin liegt die zerstörende Macht in dieser Geschichte?
- Kennst du Geschichten aus dem wirklichen Leben, wo Dreiecksbeziehungen zerstörerisch wirkten?
- Wie kann bei einer Dreiecksbeziehung Positives entstehen?

Geschichten der Weisheit

Weise Regierungskunst

Im alten China regierte der Kaiser das weite Land mit Hilfe spezieller Beamter, die über Land zogen und auch in den entferntesten Dörfern und Städten nach dem Rechten sahen. Ihre Aufgabe war es, dafür zu sorgen, dass die Gesetze beachtet wurden. Sie schlichteten Streitfälle, zogen Steuern ein, agierten als Berater bei allen möglichen Schwierigkeiten. Diese Beamte hatten große Macht. Einige von ihnen nutzten ihre Macht zu ihrem eigenen Vorteil, andere erwiesen sich als weise und gerechte Männer, die versuchten, das Leben der Menschen zu erleichtern.

Die folgende Geschichte berichtet von einem Beamten, der besonders weise war. Er löst ein heikles Problem, ohne die religiösen Gefühle der Bevölkerung zu verletzen.

Erzählen Sie die folgende Geschichte mit Ihren eigenen Worten:

Die Hochzeiten des Flussgottes

(chinesisch)

Es war einmal ein kaiserlicher Richter mit Namen Ximen Bao. Er sollte in einer Provinz des nördlichen Chinas im Namen des Kaisers für Recht und Ordnung sorgen. Eines Tages kam er in eine Stadt, deren Bewohner sehr traurig waren. Ihre Ernten waren karg, und auf dem Markt fehlten die Kunden. Er fragte den Magistrat der Stadt, warum die Menschen so unglücklich aussähen. Die Antwort lautete wie folgt:

Schon viele Jahre drückt uns ein schreckliches Leid. Man zwingt uns, unsere jungen Mädchen mit dem Flussgott zu vermählen. Die drei Ältesten der Stadt ziehen von uns hohe Steuern ein auf alles, was wir besitzen. Ein Teil des Geldes verwenden sie, um die jungen Mädchen mit dem Flussgott zu vermählen, den Rest behalten sie für sich selbst. In der Stadt gibt es eine Priesterin, die dafür sorgt, dass die Götter zufrieden sind. Sie bekommt Geld dafür, dass sie die jungen Mädchen auswählt. Wenn sie bei einem Bauern oder bei einem Stadtbewohner ein schönes Mädchen sieht, dann nimmt sie es der Familie weg. Sie gibt dem Mädchen seidene Kleider, erlesene Speisen und Getränke und sperrt es in ein Haus, dicht am Fluss. Dann bindet sie mit ihren Helfern das junge Mädchen auf einem Bett fest und stößt dann das Bett mitsamt dem Mädchen aufs Wasser hinaus. Der Fluss führt das Bett mit sich fort, und nach einer Weile sinkt es auf den Grund des Flusses. Viele Bürger mit jungen Töchtern haben deshalb die Flucht ergriffen. Darum sind unsere Straßen so leer, unsere Häuser so arm und unsere Herzen so bedrückt.

Der kaiserliche Richter nickte und fragte: „Könnt ihr euch nicht weigern?"

Die Männer des Magistrates schüttelten den Kopf. „Nein, das geht nicht, denn wir haben ein altes Sprichwort. Wenn wir dem Flussgott unsere jungen Mädchen verweigern, dann kommt eine große Flut, und wir werden alle ertrinken."

Ximen Bao antwortete: „Wenn das nächste Mal ein Mädchen mit dem Flussgott verheiratet werden soll, dann sagt mir bitte Bescheid. Auch die drei Ältesten, die Priesterin und alle Beamten sollen sich beim Fluss einfinden. Ich möchte dafür sorgen, dass das Mädchen auf eine würdige Weise in ihre neue Heimat geschickt wird." Dann ging der Richter fort und dachte viele Tage über diesen Fall nach.

Anleitung

Kommt bitte in kleinen Gruppen zusammen und überlegt gemeinsam, wie der kaiserliche Richter dieses Problem lösen könnte. Er weiß, dass er den tiefen Glauben der Menschen an die Naturgötter respektieren muss. Er kann diesem Glauben nicht einfach widersprechen und weitere Mädchenopfer verbieten. Wie könnte er vorgehen, um die unschuldigen Töchter des Dorfes zu retten, ohne die religiöse Tradition zu verletzen?

Wenn ihr eine Lösung gefunden habt, dann denkt euch gemeinsam einen Schluss für diese Geschichte aus. Schreibt eure Version auf und versucht, im Stil des Märchens zu bleiben.

(Lassen Sie die Kleingruppen ihre Texte vortragen. Erzählen Sie dann, welche Lösung der kaiserliche Richter im Original der Geschichte gefunden hat:)

Einige Zeit später bestimmte die Priesterin ein neues Mädchen zur Braut für den Flussgott. Ximen Bao begab sich an das Ufer, um das Mädchen zu verabschieden, und aus dem ganzen Land kamen die Menschen zusammen. Die drei Ältesten standen neben Ximen Bao, und auch die Priesterin hatte sich eingefunden. Es war eine alte Frau, die von ihren zehn Schülern begleitet wurde.
Ximen Bao sagte: „Zuerst möchte ich mir das Mädchen ansehen und prüfen, wie es aussieht."
Nachdem er das Mädchen angeschaut hatte, wandte er sich an die Führer des Dorfes und sagte: „Ich glaube, dass dieses Mädchen nicht schön genug ist, um den Flussgott zu heiraten. Ich möchte, dass die Priesterin zu dem Flussgott geht, sich bei ihm entschuldigt und ihm sagt, dass wir eine hübschere Braut suchen und sie ihm später schicken werden."
Nach diesen Worten befahl er seinen eigenen Dienern, die Priesterin in den Fluss zu werfen, wo sie wie ein Stein versank.
Nach einer Weile sagte Ximen Bao: „Die Priesterin scheint sehr lange mit dem Flussgott zu sprechen. Wir werden einen ihrer Schüler schicken, damit er sie zurückbringt." Auch dieser Schüler wurde in den Fluss geworfen und versank wie ein Stein. Einer nach dem anderen wurden die Schüler der Priesterin in den Fluss geworfen, und keinem gelang es, die Priesterin zurückzuholen.
Eine Weile später sagte der Richter: „Vielleicht ist die Priesterin nicht in der Lage, dem Flussgott ihren Fehler zu erklären. Die drei Ältesten können wahrscheinlich viel besser mit dem Flussgott sprechen." Einer nach dem anderen wurden die drei Ältesten von den Dienern des Richters in den Fluss geworfen.
Inzwischen zitterten alle offiziellen Vertreter des Dorfes, als sie dem Richter zuhörten. Ximen Bao bemerkte das und sagte zu ihnen: „Die Priesterin und die drei Ältesten sind nicht zurückgekommen. Was sollen wir jetzt machen? Vielleicht sollte einer von

euch zum Flussgott gehen und dafür sorgen, dass die Angelegenheit geklärt wird.“

Die übrigen Honoratioren zitterten vor Angst und brachten kein Wort heraus. Statt dessen verbeugten sie sich so tief vor Ximen Bao, dass ihre Stirn die Erde berührte. Da wusste der Richter, dass er sein Ziel erreicht hatte. Er sagte: „Es scheint mir, dass der Flussgott sehr gastfreundlich ist. Er behält seine Besucher für lange Zeit. Ich glaube, im Augenblick können wir nicht mehr tun. Darum lasst uns zu unserer Arbeit zurückkehren. Ihr könnt alle nach Hause gehen.“

Von nun an wagte es niemand in dieser Provinz, jemals wieder ein junges Mädchen mit dem Flussgott zu verheiraten. Von überall her kehrten die Familien mit ihren Töchtern zurück, und die Leute fingen wieder an, das Land zu bestellen. Sie bezahlten ihre Steuern und lebten fortan in Frieden miteinander.

❦

Auswertung

Folgende Fragen können für die Besprechung nützlich sein:

- Was würde geschehen, wenn der kaiserliche Richter die Menschenopfer verbieten würde?
- Was würde geschehen, wenn er die Verantwortlichen auf traditionelle Weise bestrafen wollte?
- Worin zeigt sich die Weisheit des kaiserlichen Richters?
- Der kaiserliche Richter nimmt den Tod der Verantwortlichen in Kauf. Ist das vertretbar?
- Nachdem die Menschenopfer für den Flussgott aufgehört haben, müssen die Bauern auf andere Weise versuchen, weiter in Harmonie mit dem Flussgott zu leben. Wie könnten sie das erreichen?
- Kennst du weise Politiker? In der Gegenwart? In der Vergangenheit?

Korrupter Macht widerstehen

In der spanischen Stadt Sevilla lebten im Mittelalter viele Juden. Es gab dreiundzwanzig wunderschöne Synagogen, und die Stadt war ein Zentrum der jüdischen Theologie. Aber im 15. Jahrhundert versuchten die spanischen Könige und Königinnen das Land zu einem einheitlichen katholischen Staat zu machen. Sie zwangen die Juden, zum christlichen Glauben überzutreten. Viele Juden traten jedoch nur pro forma über und praktizierten ihre alte Religion insgeheim weiter. 1481 wurde die Inquisition ins Leben gerufen. Die Inquisitoren hatten die Macht, alle Konvertierten zu überprüfen. Diejenigen Juden, die insgeheim ihre Religion weiter praktizierten, sollten auf dem Scheiterhaufen verbrannt werden. Viele Juden fanden den Tod, und im Jahr 1492, als Kolumbus nach Amerika segelte, wurden die verbliebenen Juden aus Spanien vertrieben. Die folgende Geschichte zeigt die Machtlosigkeit der Juden. Ihre einzige Chance bestand darin, klüger zu sein als ihre Verfolger und schnell eine Lösung zu finden, um sich aus tödlicher Gefahr zu retten.

Erzählen Sie die folgende Geschichte mit Ihren eigenen Worten:

Der Großinquisitor

(jüdisches Märchen)

Vor langer, langer Zeit wurde in der Stadt Sevilla ein schreckliches Verbrechen begangen. Niemand wusste, wer der Schuldige war. Aber der Großinquisitor freute sich darüber, dass er für dieses Verbrechen einen Juden verantwortlich machen konnte. Er entschloss sich, Rabbi Pinkhes anzuklagen, der die größte Gemeinde der Stadt leitete. Auf diesen Mann hörten die Juden, und ihn achteten sie am meisten. Wenn er verurteilt würde, dann würde das alle Juden treffen. Der Großinquisitor stellte den Rabbi vor Gericht und versuchte, die Richter davon zu überzeugen, dass er schuldig war. Aber die Richter hielten sich an die Gesetze und sagten dem Großinquisitor, dass es nicht den kleinsten Beweis dafür gab, dass der Rabbi das Verbrechen begangen habe. Darum fasste der Großinquisitor einen raffinierten Plan, um den weisen Mann zum Tode verurteilen zu können.

„Wir werden die Sache vor Gott bringen", sagte er. „Am gerechtesten ist es, wenn wir die Frage von Schuld oder Unschuld durch das Los entscheiden. Ich werde zwei Lose vorbereiten und sie in eine Schachtel legen. Auf dem einen Los steht „schuldig", auf dem anderen steht „nicht schuldig". Wenn der Rabbi das Los zieht, auf dem „schuldig" steht, dann ist das ein Beweis dafür, dass er und alle Juden für das Verbrechen verantwortlich sind. Dann muss der Rabbi auf der Stelle sterben. Wenn er dagegen das Los zieht, auf dem „nicht schuldig" steht, dann werden wir ihn laufen lassen."

Der Großinquisitor war jedoch ein böser Mann. Er wollte den Rabbi auf jeden Fall töten und ihn unter keinen Umständen laufen lassen.

Der Großinquisitor lachte hämisch, als er seinen Gegner aufforderte: „Nun Rabbi, zieh ein Los!"

Anleitung

Kommt bitte in Kleingruppen zusammen und überlegt, was ihr tun würdet, wenn ihr an der Stelle des Rabbis Pinkhes stehen würdet. Was würdet ihr tun, um dem Großinquisitor zu widerstehen? Wenn ihr eine Lösung gefunden habt, dann verfasst gemeinsam einen Schluss für die Geschichte. Schreibt eure Version auf und versucht dabei, im Stil der Geschichte zu bleiben.

(Lassen Sie die Kleingruppen ihre Texte vortragen. Erzählen Sie dann, welche Lösung der Rabbi in der Geschichte gewählt hat:)

Rabbi Pinkhes kannte den Großinquisitor gut. Er wusste, dass ihm jedes Mittel Recht war, um seine Ziele durchzusetzen. Er war davon überzeugt, dass der Großinquisitor auf beide Lose „schuldig" schreiben würde. Er schaute dem Großinquisitor, der sich an seiner aussichtslosen Situation weidete, fest in die Augen: „Wie freundlich du bist, dass du mir die Chance gibst, mein Leben zu retten. Wie fair und gerecht bist du, dass du die Entscheidung Gott überlässt." Und dann griff er mit einer schnellen Bewegung in die Schachtel, zog ein Los heraus und verschluckte es, ehe irgendjemand ihn daran hindern konnte.

„Warum hast du das getan?", rief der Großinquisitor. „Jetzt werden wir nie wissen, was auf dem Los stand, das du gezogen hast. Das ist der sichere Tod für dich."

„Gott hat mir eingegeben, das eine Los zu verschlucken, um meine Unschuld zu beweisen. Und wenn du nur den geringsten Zweifel hast, dann entfalte das zweite Los. Wenn darauf „nicht schuldig" steht, dann muss dasjenige, das ich verschluckt habe, „schuldig" gelautet haben. Aber wenn auf dem zweiten Los „schuldig" steht, dann muss das Los, das ich gezogen habe, „nicht schuldig" bedeutet haben."

Der Großinquisitor knurrte verärgert. Er überlegte hin und her, aber er fand keinen vernünftigen Einwand. Darum griff er in die Schachtel und las vor, was auf dem Los stand. Wie der Rabbi vorausgesehen hatte, stand auf dem Zettel „schuldig".

„Siehst du", sagte der Rabbi, „das Los, das ich genommen und verschluckt habe, muss die Worte „nicht schuldig" getragen haben."

Der Großinquisitor wurde tiefrot vor Zorn, aber er musste den Rabbi freilassen.

Auswertung

Folgende Fragen können für die Besprechung nützlich sein:

- Was bewunderst du an dem Rabbi mehr: seinen Mut oder seine Intelligenz?
- Wie kam es, dass der Rabbi den Plan seines Gegenspielers mühelos durchschaute?
- Was hat die Verfolgung der Juden in vielen Ländern ausgelöst?
- Wie ist der Zusammenhang zwischen Mobbing und Macht?
- Wann sind Religionen tolerant, wann aggressiv?

Weisheit

Märchen zeigen die Reise des Menschen durch das Leben. In den bekanntesten Geschichten sind die Helden Kinder, wie z. B. Rotkäppchen oder Hänsel und Gretel. Die Kinder müssen in der Regel das Elternhaus verlassen. Sie haben die psychologische Aufgabe, sich auf ein unabhängiges Leben vorzubereiten, um erwachsen zu werden. Dazu müssen sie viele Kämpfe bestehen, bis sie am Ende Erfolg haben und die wahre Liebe, bzw. sich selbst und ihren Platz in der Gesellschaft finden. Aber das Leben endet nie mit Jugend und ewigen Glück. Was passiert eigentlich, wenn die Helden alt werden? Es gibt eine kleine Gruppe von Märchen, die uns hier mit Antworten versorgt. Sie zeigen Helden, die „alt" sind, und sie sind bestimmt für Menschen in der zweiten Lebenshälfte und danach. Sie geben dem Zuhörer Einblick in die Psychologie der Reife. Sie stellen jene Aufgaben dar, die wir in der zweiten Lebenshälfte meistern müssen. Natürlich gibt es in fast allen Märchen alte Menschen, aber Geschichten, in denen ein alter Mensch die zentrale Figur ist, sind relativ selten. In östlichen Kulturen, in Japan, in den arabischen Ländern, in Indien, in China, finden wir mehr davon als bei uns. Das zeigt den Respekt, den alte Menschen dort traditionsgemäß genießen.

Zu den wichtigen Entwicklungsaufgaben der zweiten Lebenshälfte gehört es, dass wir unseren eigenen Schatten kennenlernen, weil wir nur dann auch andere Menschen realistisch einschätzen können. In dem folgenden Märchen hat der weise Kaufmann nicht nur ein beträchtliches Vermögen erworben, er kennt auch das Böse in sich. Er kennt seine Aggressionsbereitschaft, und er kennt seine Habgier, aber gerade deshalb weiß er, wann es keinen Sinn hat zu kämpfen, und er ist bereit, sich von seinem Vermögen zu trennen, um das eigene Leben und das Leben seines Sohnes zu retten. In diesem Märchen gibt es noch ein zweites wichtiges Motiv. Der alte Kaufmann wird von jungen Männern angegriffen. Das zeigt uns, dass es immer wieder zu einem Krieg zwischen den Generationen kommt, ein Motiv, das auch in der Mythologie eine dramatische Rolle spielt. Wir kennen diesen archetypischen Konflikt auch aus dem heutigen Leben, wo die Jüngeren in Politik und Wirtschaft ungeduldig darauf warten, dass die alten Führer Zeichen der Schwäche zeigen, um sie dann energisch zu verdrängen.

Der Kaufmann in unserer Geschichte zeigt, dass seine Weisheit, sein realistischer Blick auf den menschlichen Charakter und sein strategisches Denken immer noch in der Lage sind, es mit den physisch stärkeren, jungen Seeleuten aufzunehmen. Mit seiner phantasievollen Vorgehensweise ist er ein wichtiges Vorbild für den eigenen Sohn.

Bitte erzählen Sie die folgende Geschichte frei und mit Ihren eigenen Worten.

Der weise Kaufmann

(jüdisches Märchen)

Es war einmal ein Kaufmann, der mit seinem erwachsenen Sohn eine Schiffsreise unternahm. Sie führten eine Kiste mit sich, die bis zum Rand mit Juwelen gefüllt war. Diese wollten sie in fremden Ländern verkaufen. Sie hatten mit niemandem darüber gesprochen, um sich nicht in Gefahr zu bringen.

Eines Tages bemerkte der Kaufmann, wie die Seeleute miteinander flüsterten. Sie verhielten sich anders als sonst und zeigten eine künstliche Freundlichkeit. Sie mussten den Schatz entdeckt haben und planen, die Juwelen an sich zu bringen.

Zunächst befiel den Kaufmann große Angst; er ging in seiner Kabine auf und ab und grübelte, um einen Ausweg aus dieser misslichen Lage zu finden. Der Sohn fragte den Vater, was ihm denn solche Sorgen mache. Da erzählte der Vater ihm von seinen Sorgen.

„Wir müssen mit ihnen kämpfen", sagte der junge Mann entschlossen.

„Nein", antwortete der alte Mann, „sie sind in der Überzahl, sie werden uns überwältigen."

„Wir können ihnen einen Teil unseres Schatzes schenken", sagte der Sohn.

Aber der Vater war skeptisch. „Sie werden sich nicht mit einem Anteil zufriedengeben. Nein, wir müssen ganz anders vorgehen. Ich habe einen Plan."

Anleitung

Kommt bitte in Kleingruppen zusammen und überlegt gemeinsam, wie ihr selbst euch verhalten würdet, um aus dieser Falle herauszukommen. Auf hoher See ist keine Hilfe von außen zu erwarten. Jederzeit können die räuberischen Seeleute zur Tat schreiten. Vater und Sohn kennen viele Geschichten, wie Reisende beraubt und dann ermordet wurden, um die Spuren zu verwischen und mögliche Ankläger auszuschalten. Die Aussicht auf einen großen Schatz ist eine zu große Verlockung für die Seeleute, die selbst schlecht bezahlt werden und ständig ihr Leben riskieren müssen. Wie könnte der Kaufmann vorgehen?

Wenn ihr eine Lösung gefunden habt, dann verfasst gemeinsam einen Schluss für diese Geschichte. Schreibt eure Version auf und bleibt im Stil des Märchens. (30 Minuten)

(Lassen Sie die Kleingruppen ihre Texte vortragen und erzählen Sie dann, wie das Problem in der Geschichte gelöst wird:)

Der Sohn ging wieder an Deck des Schiffes. Eine Weile später stürzte der alte Kaufmann aus seiner Kabine und schrie seinen Sohn an. „Du Narr, nie nimmst du meinen Rat an!"

„He, Alter!", schrie der Sohn zurück, „du hast keine Ahnung, und von dir kann ich schon lange nichts mehr lernen!"

Neugierig versammelten sich die Seeleute um Vater und Sohn, die sich mit wüsten Flüchen und Beleidigungen weiter stritten. Dann stürzte der alte Mann in die Kabine und kehrte mit der Schatzkiste zurück.

„Du undankbarer Sohn!", schrie der Kaufmann mit Donnerstimme. „Ich will lieber arm sterben, als dass du meinen Reichtum erben sollst!" Und mit diesen Worten öffnete der Kaufmann die

Kiste, so dass die Seeleute all die funkelnden Juwelen bestaunen konnten. Dann trat der Kaufmann an die Reling, und ehe ihn irgendjemand aufhalten konnte, kippte er den ganzen Inhalt der Kiste ins Meer. Im nächsten Augenblick starrten Vater und Sohn auf die leere Kiste, dann fielen sie einander in die Arme und weinten darüber, was sie getan hatten.

Später, als sie allein in ihrer Kabine waren, sagte der Vater: „Wir mussten das so machen, mein Sohn. Es gab keinen anderen Weg, um unser Leben zu retten. Es ist besser, einen Schatz zu verlieren als das Leben."

„Ja, du hast Recht", sagte der Sohn, „dein Plan war der einzig mögliche."

❦

Auswertung

Folgende Fragen können die Besprechung anregen:

- Wie gewinnt man Menschenkenntnis?
- Ist es dem alten Mann leicht gefallen, sich von seinem Schatz zu trennen?
- Inwiefern ist der alte Mann den räuberischen Seeleuten und seinem kampfbereiten Sohn überlegen?
- Der alte Mann kann „loslassen". Was bedeutet diese Fähigkeit für unser Leben?
- Woran klammerst du dich im Leben?
- Was unterscheidet Mut von bloßer Kampfbereitschaft?
- Welche Gefühle hat der Sohn für seinen Vater?
- Kannst du stolz auf deine Eltern sein?

Die Maske und das Selbst

Auch dieses Märchen wendet sich in erster Linie an Menschen in der zweiten Lebenshälfte. Hier geht es darum, dass wir uns der Masken bewusst werden, die wir im Alltag tragen, dass wir den Mut entwickeln, unser wahres Selbst häufiger zu zeigen.

In der ersten Lebenshälfte brauchen wir diese Masken. Je mehr Rollen wir im Leben spielen, desto mehr Gesichter müssen wir zeigen – als Mutter oder Vater, als Partner, im Berufsleben, als Freund, als Bürger, als Schüler und als Lehrer. C. G. Jung hat unsere sozialen Rollen als Persona bezeichnet, als Maske, die wir im Leben tragen, wie die antiken Schauspieler, die dadurch andeuteten, welche Rolle sie in einem Stück einnahmen. In der ersten Lebenshälfte müssen wir lernen, solche Masken zu übernehmen, um komplexe soziale Rollen spielen zu können. Aber als Erwachsene und vor allem in der zweiten Lebenshälfte, geht es darum, Distanz zu unseren Rollen zu entwickeln, d. h. die Masken ablegen zu können und unser spontanes und verletzliches Selbst zu entdecken. Im Märchen „Das magische Handtuch" erleben wir, wie eine alte Frau sich verändert. Zunächst ist sie eifersüchtig und möchte eine überlegene Rolle gegenüber ihrer schönen, naiven Schwiegertochter spielen. Aber das magische Handtuch, das Geschenk des Mönches, stürzt die alte Frau in eine Krise. Sie erkennt ihre hässliche Seite und entschuldigt sich bei der jungen Frau. Jetzt hat sie sich öffentlich dazu bekannt, dass sie so richtig böse sein kann, und das hilft ihr, ihre freundliche und liebevolle Seite in den Vordergrund zu bringen.

Als Kinder denken wir in den Kategorien von Gut und Böse. Als Jugendliche entwickeln wir abstraktere Ideale, auch wenn wir sie selbst nicht immer erfüllen können, und erst als reife Erwachsene entwickeln wir ein realistisches Selbstbild. Wir stehen zu unseren Fehlern, und wir können die Schwächen anderer leichter akzeptieren. Wir träumen nicht mehr von der eigenen Vollkommenheit, sondern gestatten uns eine reife Spontaneität. Viele Geschichten haben die zentrale

Botschaft, dass die Konfrontation mit der eigenen Schattenseite eine wichtige Aufgabe für die zweite Lebenshälfte ist. Wenn wir das schaffen und uns verändern können, dann haben wir Aussichten, auch mit den Einschränkungen dieser Lebensphase besser fertig zu werden und eine positive Rolle im Verhältnis zur nächsten Generation zu spielen.

Bitte erzählen Sie die folgende Geschichte frei und mit Ihren eigenen Worten:

Das magische Handtuch

(japanisches Märchen)

Es war einmal eine alte Frau, die mit ihrem Sohn und ihrer Schwiegertochter zusammenlebte. Die alte Mutter beneidete die junge Frau um ihre Schönheit und machte ihr das Leben schwer. Sie übertrug ihr all die schwere Arbeit im Haus. Die junge Frau war ein sanftes und freundliches Geschöpf und beklagte sich nicht. Das machte die alte Frau noch ärgerlicher.

Eines Tages sollte die Schwiegertochter Reistörtchen backen. Als diese fertig waren, zählte die alte Mutter sie und ging dann ins Dorf, um Besorgungen zu machen.

Ein Wandermönch kam zu dem Haus, und die junge Frau gab ihm ein Reistörtchen als Wegzehrung. Nachdem der Priester weitergewandert war, kehrte die alte Mutter zurück, zählte die Törtchen und bemerkte, dass eins fehlte. Sie machte ihrer Schwiegertochter Vorwürfe. Und auch als sie hörte, dass ein Mönch damit beschenkt worden war, bestand sie darauf, dass die junge Frau das Reistörtchen zurückbringen sollte. Diese lief dem Mönch hinterher, bat ihn, ihr das Törtchen zurückzugeben, und entschuldigte sich dafür.

Der Mönch lachte, gab ihr ihre Gabe zurück und beschenkte die junge Frau mit einem kleinen Tuch. „Benutze es, wenn du dein Gesicht wäschst“, sagte er. „Ich weiß, dass das Leben mit deiner Schwiegermutter schwer für dich ist.“

Von nun an bemerkte die alte Frau, dass ihre Schwiegertochter immer schöner wurde. Das machte sie noch eifersüchtiger, und sie wollte herausfinden, wie das möglich war. Jedesmal, wenn die junge Frau ihr Gesicht mit dem Tuch abrieb, wurde ihr Gesicht strahlender und lieblicher. „Das muss ein Zaubertuch sein“, dachte die alte Frau bei sich, und bei der nächsten Gelegenheit stahl sie das Tuch. Sie wusch sich das Gesicht damit und schaute in den Spiegel, aber sie sah keine Veränderung. „Ich bin älter, darum muss ich mich kräftiger waschen.“ Sie rieb und rieb ihr ganzes Gesicht ab und schaute wieder in den Spiegel. Entsetzt stellte sie fest, dass ihr Gesicht zuerst ganz lang wurde, wie bei einem Pferd. Dann wurde es rund und haarig, wie bei einem Affen, und schließlich sah sie aus wie ein grässlicher Dämon.

„Oh, weh!“, schrie die alte Frau und brach zusammen. Ihre Schwiegertochter stürzte ins Zimmer und glaubte, einen Dämon zu sehen. Als sie fliehen wollte, schrie die alte Frau: „Hilf mir!“

Da erkannte die junge Frau die Stimme ihrer Schwiegermutter und bekam Mitleid. „Bitte, bitte, finde ein Gegenmittel!“, flehte die alte Frau.

Und so lief die Schwiegertochter los, um den Mönch zu fragen. Sie fand ihn ganz in der Nähe und erzählte ihm, was geschehen war. Der lachte verschmitzt: „Wenn ein böser Mensch das Tuch benutzt“, sagte er, „dann sieht er am Ende aus wie ein Dämon.“

„Kann man nichts dagegen tun?“, fragte die junge Frau.

„Doch“, sagte der Mönch „sag deiner Schwiegermutter, dass sie die andere Seite des Tuchs benutzen soll.“

Die junge Frau überbrachte die gute Botschaft, und so bekam die alte Frau ihr faltiges, aber menschliches Gesicht zurück.

Da umarmte die alte Frau ihre Schwiegertochter und weinte bitterlich: „Liebe Tochter, vergib mir. Ich habe nicht bemerkt, wie hässlich ich zu dir war.“

Und von diesem Tag an sagte die alte Frau kein böses Wort mehr, zu niemandem. Sie wurde freundlich und großzügig und arbeitete Seite an Seite mit ihrer Schwiegertochter. Sie hoffte, dass der Mönch eines Tages zurückkehren würde, damit sie ihm danken könnte. Aber er kam nie zurück. Es war nicht mehr nötig.

Anleitung

Jeder von uns hat zwei Gesichter, ein Gesicht, das wir der Welt zeigen, und ein Gesicht, das wir nur selbst kennen. Beschreibe deine beiden Gesichter. Fang mit dem Gesicht an, das du anderen zeigst. Wie sollen sie dich sehen – kompetent, selbstsicher, schöpferisch, clever, liebevoll, beherrscht, energisch?

Dann beschreibe jenes Gesicht, das nur du selbst kennst, wenn du dich im Spiegel anschaust. Wie steht es um dieses Gesicht? Zeigt es dich verletzlich und erschöpft, einsam? Sehnt sich dieses Gesicht nach Liebe? Ist es manchmal deprimiert? Ist es ein gieriges Gesicht, das alles mögliche haben will? Ist es ein Gesicht, das auf Rache sinnt, das aggressive Impulse verrät? Beschreibe dieses geheime Gesicht, das deine besten und deine schlechtesten Möglichkeiten ausdrückt. (20 Minuten)

Nun kommt zu zweit zusammen, und wenn ihr dazu bereit seit, lest euch eure beiden Selbstporträts vor. (10 Minuten)

Bitte arbeite nun allein weiter. Erfinde den Lebenslauf irgendeines Helden bzw. einer Heldin. Lass die erste Lebenshälfte dominiert sein von der Maske: von Ruhmsucht, Ehrgeiz, materieller Gier, Machtanspruch, politischem Sendungsbewußtsein etc. Lass dann irgendein Ereignis eintreten, das die Maske zerbricht. Schicke deinem Helden Leid und Schmerz, die ihn/sie läutern. Zeige, wie der Held/die Heldin in der zweiten Lebenshälfte reifer ist und seine verletzlichen Seiten zu zeigen lernt. Verleih ihm Mitgefühl, Verantwortungsbewusstsein und selbstlose Liebe. (Bitte schreibe nicht mehr als zwei Seiten. Nimm dir dafür zwanzig Minuten Zeit.)

Auswertung

Lassen Sie einige Geschichten vorlesen, die eine seelische Entwicklung zeigen.

Für die Besprechung können folgende Fragen nützlich sein:

- Warum haben wir ein starkes Bedürfnis, Teile unserer Persönlichkeit geheimzuhalten und zu verstecken?
- Wovor fürchten wir uns?
- Wie wäre unser Leben, wenn wir offener und ehrlicher wären?

- Fällt es mir leicht, mich bei anderen zu entschuldigen?
- Welches Verhältnis habe ich zu alten Menschen?
- Worum geht es in der ersten Lebenshälfte?
- Welche Lebensträume haben Männer?
- Welche Lebensträume haben Frauen?
- Worum geht es in der zweiten Lebenshälfte?
- Warum ist oft ein Schicksalsschlag nötig, um eine persönliche Wandlung einzuleiten?
- Wie entsteht Mitgefühl?
- Wie entsteht Nächstenliebe?
- Wie entsteht Weisheit in unserer westlichen Kultur?
- Welche Werte dominieren dein eigenes Leben?

Gerechtigkeit

Wir alle empfinden es sehr schnell, wenn wir uns ungerecht behandelt fühlen. Nicht immer aber sind wir anderen gegenüber so sensibel. Oft verletzen wir den Anspruch anderer auf faire und gerechte Behandlung. Als Erwachsene wissen wir, wie schwer es ist, gerecht zu handeln. Das beginnt in der Familie mit mehreren Kindern. Zu jedem Kind haben wir als Eltern eine eigene, besondere Beziehung. Da kann leicht sein, dass uns eines der Kinder gefühlsmäßig näher steht als ein anderes. Das kann zu Schwierigkeiten führen. Als Ausweg haben wir das Ideal gleicher Rechte entwickelt. Unsere demokratische Gesellschaft versucht, dieses Ideal praktisch umzusetzen. Trotzdem würden die Wenigsten sagen, dass es in der Demokratie gerecht zugeht. Noch schwieriger wird die Frage der Gerechtigkeit in der Religion. Ist Gott gerecht, der dem einen ein langes und glückliches Leben gewährt, während er andere hungern und früh sterben lässt?

In diesem Märchen wird die Frage nach der Gerechtigkeit sehr drastisch gestellt und überraschend beantwortet. Das Märchen stammt aus Mexiko, das traditionell unter sozialer Ungerechtigkeit leidet. Besonders die Bauern leiden dort unter Armut und einer ungerechten Verteilung von Wohlstand und Bildungschancen. Nicht alle Armen sind bereit, diesen Zustand der Gesellschaft geduldig hinzunehmen. Viele versuchen, sich gewaltsam zu nehmen, was ihnen vom Leben und von den Reichen vorenthalten wird.

Bitte erzählen Sie die folgende Geschichte frei und mit Ihren eigenen Worten:

Hühnersuppe

(mexikanisches Märchen)

In Mexiko lebte ein armer Bauer, der sein ganzes Leben hart auf den Feldern eines reichen Großgrundbesitzers gearbeitet hatte. Immer wenn seine eigene Ernte schlecht ausfiel, hatte er kaum etwas zu essen.

In diesem Jahr war es besonders schlimm. Am Ende lief nur noch ein magerer Hahn vor der Hütte des Tagelöhners herum. Er war das Einzige, was ihm geblieben war. Der Tagelöhner beschloss, den Hahn zu schlachten und daraus eine Suppe zuzubereiten, um einmal satt zu werden. Ich möchte endlich einmal spüren, wie es ist, einen vollen Bauch zu haben. Er fing den Hahn, schlug ihm den Kopf ab, rupfte ihn und steckte ihn in seinen einzigen Topf, um ihn zu kochen. Bald war das Essen fertig. Der Bauer füllte die Suppe in seinen Teller und wollte gerade davon probieren, als es an der Tür klopfte. Wer konnte das sein? Er öffnete und vor ihm stand der heilige Petrus, der ihn bat: „Hast du einen Teller Suppe für mich?"

„Das kommt gar nicht in Frage", sagte der Bauer. „Einige Seelen nimmst du in deinen Himmel auf, andere schickst du in die Flammen der Hölle, auch für ganz kleine Sünden. Nein, von meiner Suppe bekommst du nichts." Und er schloss die Tür.

Nun wollte er mit dem Essen beginnen, als es zum zweiten Mal an die Tür klopfte. Diesmal stand die heilige Jungfrau Maria vor der Tür. Sie wollte ebenfalls von der Suppe kosten. „Nein, nein, heilige Jungfrau. Manche in diesem Leben segnest du, und das Glück lächelt ihnen im ganzen Leben zu, während wir anderen in Unglück und Verzweiflung leben müssen. Nein, von meiner Suppe bekommst du nichts. Lass dich von einem glücklichen Menschen zum Essen einladen."

Und wieder wollte der Bauer zu essen beginnen, als er ein festes Klopfen hörte. Diesmal stand Gott der Herr selbst vor der Tür: „Mein Freund, ich komme gerade vorbei, und ich habe Hunger. Deine Suppe riecht köstlich."

Der Bauer blieb hart: „Es tut mir leid, Herr, aber ich will nicht, denn du bist nicht gerecht. Einige Menschen hast du gesund und reich geschaffen, während andere jede Nacht hungrig zu Bett gehen. Nein, ich möchte meine Mahlzeit nicht mit dir teilen." Und er schloss seine Tür energisch.

„Jetzt kann ich endlich in Frieden essen", dachte er. Aber kaum führte er den Löffel zum Munde, als er ein sanftes Klopfen an der

Tür hörte. „Das ist nun wirklich das letzte Mal", murmelte er, als er die Tür öffnete. „Oh, du bist es", sagte er mit sanfter Stimme. „Dich will ich einladen, damit du mit mir gemeinsam isst. Du bist willkommen in meinem Hause."

Anleitung

Kommt bitte in kleinen Gruppen zusammen und überlegt, wer der vierte Besucher ist, der von der Hühnersuppe essen möchte. Wenn ihr eine Antwort gefunden habt, dann schreibt die Geschichte zu Ende. (20 Minuten)

(Lassen Sie die Kleingruppen ihre Texte vortragen und erzählen Sie dann, wie das Märchen in der Originalversion zu Ende geht:)

Der vierte Besucher war La Muerte, der Tod, und der Bauer sagte: „Du allein bist gerecht, denn du kommst zu jedem von uns, zu den Reichen und zu den Armen, zu den Starken und zu den Schwachen, zu den Jungen und zu den Alten. Du bist in meinem Haus willkommen."
Und so setzten sich Bauer und Tod zusammen an den Tisch und genossen gemeinsam die Hühnersuppe.

❦

Auswertung

Folgende Fragen können die Besprechung anregen:

- Der Bauer zeigt großen Mut. Inwiefern?
- Welches war die letzte große Ungerechtigkeit, von der du gehört hast bzw. die du selbst erlebt hast?
- Gibt es eine Ungerechtigkeit, die dich besonders empört?
- Der Kampf gegen Ungerechtigkeit ist ein Kampf gegen Windmühlen. Warum müssen wir ihn trotzdem führen?
- Warum haben wir das Bedürfnis, uns Gott als gerecht vorzustellen?
- Gibt es eine andere Qualität Gottes, die weniger problematisch ist?

- In Mexiko wird der Tag der Toten im November, an Allerseelen, gefeiert. Die Kinder essen Süßigkeiten in Form von Totenköpfen, und alle essen Brot, das in Form von Knochen gebacken wird. Was sagen diese Bräuche über die mexikanische Kultur?
- Was gewinnt der Bauer aus dem Märchen durch seine Freundlichkeit dem Tod gegenüber?
- Wie ist dein eigenes Verhältnis zum Tod?
- Welches Bild, welches Symbol fällt dir ein, wenn du an den Tod denkst?
- Wenn du eine neue Kultur begründen könntest, welche drei Werte sollten den höchsten Rang haben?
- Welche Werte dominieren das Leben in der westlichen Zivilisation?

Der Kampf gegen die Übermacht

Am fünften Tag hat Gott die Fische geschaffen – so heißt es in der Genesis – große und kleine, und mit ihnen auch den Furcht erregenden Leviathan, ein riesiges Seeungeheuer, das über die Meere herrschte und auch über die Tiere des Landes. In dem folgenden jüdischen Märchen steht dem furchterregenden Untier der Fuchs gegenüber. Er ist viel kleiner als der Leviathan, dafür ist er geistig beweglich. In der Geschichte muss sich der kleine, schlaue Fuchs gegen die rohe Gewalt des Leviathan behaupten. Jeder wird sich leicht mit dem Fuchs identifizieren können, und mühelos fallen uns Gelegenheiten ein, wo wir uns gegen überlegene Macht behaupten mussten und unsere Rettung nur unserer Entschlossenheit und unserer geistigen Wendigkeit verdankten. Der Fuchs ist ein sehr schönes Symbol für jeden, der sich in einer Minoritätenposition befindet, sich bedroht fühlt und weiß, dass er durch reaktive Aggression nichts ausrichten kann. Hier wird den Machtlosen Mut gemacht, dass es möglich ist, überlegener Stärke zu widerstehen.

Bitte erzählen Sie die folgende Geschichte frei und mit Ihren eigenen Worten:

Das vergessene Herz

(jüdisches Märchen)

Am Anfang der Welt herrschte Leviathan, das große Seeungeheuer, über die Kreaturen zu Wasser und zu Lande. Er hatte mehr als hundert Augen und Schuppen, die heller als die Sonne glänzten. Mit einem Schlag seines mächtigen Schwanzes brachte er das Meer in Aufruhr. Es gab keine Waffe auf Erden, die ihm etwas anhaben konnte, und selbst die Engel fürchteten ihn.

Eine Kreatur aber gab es, die vor dem gewaltigen Leviathan keine Angst hatte, und das war der Fuchs. Im Vergleich zu dem Herrn der Meere war der Fuchs winzig klein, aber dafür war er schnell und gewitzt. Schon oft war er Tieren entkommen, die ihm ans Le-

ben wollten. Allmählich verbreitete sich der Ruhm des Fuchses über das ganze Land, bis er schließlich auch die Ohren des mächtigen Leviathan erreichte.
Eines Tages rief dieser alle seine Untertanen zu einer großen Versammlung in seinem Palast in der Tiefe des Meeres zusammen. Er wollte sie alle zählen. Von überallher, aus Bergen und Wäldern, aus Seen und Flüssen, von Meer und Land, kamen die Tiere zusammen – das Schaf, die Giraffe, der Seeadler, das Eichhörnchen, die Schildkröte und der Hase. Einer nach dem anderen erschien vor dem Herrscher der Tiere, und es war nicht ein Einziger, der sich geweigert hätte. Aber als Leviathan seine Untertanen zählte, bemerkte er, dass ein Tier fehlte: der Fuchs.
Im Stillen dachte Leviathan über den mutigen Fuchs nach: „Wenn dieses Tier so klug ist, dann kann es sehr nützlich für mich sein. Ich bin stark, aber ich möchte noch mehr Macht haben. Wie wäre es, wenn ich das Herz des Fuchses essen würde? Dann wäre ich nicht nur das stärkste Lebewesen, sondern auch das klügste. Ich werde Befehl geben, mir den Fuchs zu bringen."
Und Leviathan schickte zwei treue Diener aus, den Schwertfisch und den Delphin. Sie sollten den Fuchs in den Palast bringen.
Viele Tage schwammen die beiden Fische, und schließlich sahen sie an einem Strand eine einsame Gestalt tanzen. Und weil sie noch niemals einen Fuchs gesehen hatten, fragten sie, wo sie ihn finden könnten.
Ohne große Umstände sagte der Fuchs: „Das bin ich." Und sie überbrachten ihm die Einladung Leviathans. Mit süßen Worten schmeichelten sie dem Fuchs. „Unser König hat dir ein großes Fest bereitet. Er hat von deiner Weisheit gehört und wünscht sich von Herzen, dich kennenzulernen. Er hat soviel Achtung vor dir, dass er dich zu seinem obersten Ratgeber machen will. Stell dir vor: Du musst nie wieder auf die Jagd gehen, um deinen Hunger zu stillen."
Diese schönen Worte brachten den Fuchs in Versuchung, die Einladung anzunehmen. „Aber ich kann nicht schwimmen", sagte er. „Wie komme ich dorthin?"

„Das ist kein Problem", entgegnete der Schwertfisch und lächelte. „Halte dich an meiner Rückenflosse fest und stell die Hinterfüße auf den Rücken des Delphins. So kannst du sicher mit uns reisen."
Und da stellte sich der Fuchs auf die Rücken der beiden Wassertiere und trat seine erste Seereise an. Aber die kalten Wellen und das weite, einsame Meer machten ihn misstrauisch. „Jetzt bin ich weit weg von zu Hause, und ich habe mich euch anvertraut. Bitte sagt mir die Wahrheit. Warum möchte mich Leviathan denn tatsächlich sehen?"
Jetzt mussten die beiden Fische sich nicht mehr verstellen. Sie sagten ganz unumwunden, dass Leviathan dem Fuchs das Herz herausreißen wolle, um es zu verschlingen. „Du bist nicht der Ehrengast auf diesem Festmahl, du bist vielmehr der erste Gang, denn unser König möchte nicht nur die stärkste aller Kreaturen sein, sondern auch die klügste."
Der Fuchs fing an zu zittern, von der Schwanzspitze bis zur Nase. „Soll mein ruhmreiches Leben so zu Ende gehen?", fragte er sich im Stillen.

Anleitung

Kommt in Kleingruppen zusammen und überlegt euch, wie der Fuchs sein Leben retten könnte. Wenn ihr eine Lösung gefunden habt, schreibt das Märchen gemeinsam zu Ende. (20 Minuten)

(Lassen Sie verschiedene Versionen vortragen, wie dieses Märchen ausgehen könnte. Lesen Sie dann den Originalschluss vor:)

Der Fuchs schloss die Augen und dachte nach. Er atmete tief die salzige Meeresluft ein, und er spürte, wie sein kleines Herz mächtig und schnell schlug.
Dann wusste er plötzlich, wie er sich retten könnte. Mit leuchtenden Augen und mit süßen Worten sprach er zu seinen Begleitern: „Meine lieben Freunde, wenn ich nur gewusst hätte, was ihr wirklich von mir wollt, dann hätte ich ja mein Herz mitgenommen auf diese Reise. So aber habe ich es zu Hause gelassen."

„Wie bitte?", schrien die beiden wie aus einem Munde. „Du hast dein Herz nicht bei dir?"
„Natürlich nicht", antwortete der Fuchs. „Wir Füchse reisen nie mit unseren Herzen, wenn es dafür keinen triftigen Grund gibt. Wir lassen unser Herz immer zu Hause an einem sicheren Platz. Es tut mir so leid, dass ihr euch soviel Mühe gebt, mich zu Leviathan zu bringen. Wie groß wird seine Enttäuschung sein, wenn er erkennt, dass ihr ihm nicht das herbeischafft, was er so sehr begehrt Diese Enttäuschung könnte ihn sehr, sehr zornig machen."
Die beiden Tiere bekamen es mit der Angst. Sie kannten den Jähzorn Leviathans, der sofort losbrach, wenn er nicht seinen Willen bekam. „Wenn ihr eurem Herrn und Meister wirklich seinen Wunsch erfüllen wollt, dann müsst ihr mich an die Küste zurücktragen. Es wird mir eine Ehre sein, euch mein Herz zu übergeben."
Schnell schwammen die Fische mit ihrem Passagier zurück zum festen Land. Mit einem großen Satz sprang der Fuchs an Land und in Sicherheit. Kaum spürte er den festen Boden unter sich, da begann er schon wieder zu tanzen.
„Lass das", schrien die Diener Leviathans. „Du hast keine Zeit zu tanzen. Der große Meister wartet, spute dich und hole dein Herz."
„Ihr Dummköpfe", schrie der Fuchs, „Wie könnte irgendeine Kreatur ohne ihr Herz auf Reisen gehen. Wie könnte irgendein Wesen auch nur einen Augenblick ohne sein Herz leben!"
„Du hast uns hereingelegt", jammerten Schwertfisch und Delphin.
„Natürlich", antwortete der Fuchs. „Ich bin bisher allen Fallen entkommen, die mir gestellt wurden, sogar der Falle des Todes. Habt ihr wirklich geglaubt, dass mich zwei einfältige Meerestiere, wie ihr es seid, überlisten könnten?" Und mit diesen Worten lief er tanzend und singend in seinen Bau, um sich auszuruhen.
Die beiden Diener Leviathans schwammen ganz langsam zurück und erzählten ihrem Herrn, was geschehen war. Als er ihre Geschichte gehört hatte, stieß dieser einen fürchterlichen Fluch aus, dann klappte er sein riesiges Maul auf und verschluckte die beiden mit einem Mal.

Auswertung

Folgende Fragen können die Diskussion anregen:

- Auch der Fuchs ist nicht ohne Fehler. Wo siehst du seine größten Schwächen?
- Durch welche Qualitäten ist der kleine Fuchs Schwertfisch und Delphin überlegen?
- Welche Strategie wählt der Fuchs?
- Der Fuchs strebt nicht nach Macht. Welchen Traum hat er vom Leben?
- In welchem Sprichwort könnte man die Botschaft der Geschichte zusammenfassen?
- Hast du schon einmal mit einem „Leviathan" zu tun gehabt? Wie hast du dich gerettet?
- Hast du einen guten Instinkt für Gefahren?
- Kannst du drei Dinge nennen, die für dich zur Zeit eine Gefahr sind?
- Der Fuchs ist ein leidenschaftlicher Tänzer. Und wie verschaffst du dir Lebensfreunde?
- Worauf basiert die Macht des Leviathan?

Die Weisheit des Narren

Im Jahre 587 vor unserer Zeitrechnung eroberten die Babylonier das Königreich Juda und zerstörten den großen Tempel in Jerusalem, den Salomon erbaut hatte. Viele Juden wurden nach Babylonien verschleppt. Unter ihnen war ein witziger junger Mann mit Namen Zev Ben Shmuel. Er war so schlagfertig und phantasievoll, dass er eine Stelle als Hofnarr beim König von Babylon fand. An Festtagen und bei Feierlichkeiten brachte er den König und seinen Hofstaat zum Lachen. Trotzdem glaubte er weiter an den einen Gott, und er beugte sich weder vor den Göttern des Königs, noch vor dessen Würdenträgern.

Die Arbeit des Hofnarren war eine Gratwanderung – ohne eine Portion Frechheit und Respektlosigkeit konnte er niemanden zum Lachen bringen. Aber damit war er ständig in Gefahr, Grenzen zu überschreiten und den Stolz der Babylonier zu verletzen. Ab und zu ging Zev Ben Shmuel tatsächlich zu weit, und dann schlug das Lachen des Königs in bitteren Zorn um. Dann ging es für den Hofnarren um Kopf und Kragen. Er musste einen Weg finden, um den König zu besänftigen. In solchen Situationen musste er beweisen, dass er nicht nur komisch sein konnte, sondern dass er in der Lage war, das Herz des Königs zu verstehen.

Bitte erzählen Sie die folgende Geschichte frei und mit Ihren eigenen Worten:

Des Hofnarren letzter Wille

(jüdisches Märchen)

Zev Ben Shmuel war der Liebling des babylonischen Königs. Er verstand es, den König zum Lachen zu bringen, wenn dieser schlecht geträumt hatte, wenn er schlechte Laune hatte oder politische Sorgen. Bei den Kommandeuren der babylonischen Armee war der jüdische Spaßmacher nicht sehr beliebt. Sie neideten ihm seine Freiheiten. Vor allem ärgerten sie sich darüber, dass der

König den Narren immer in seiner Nähe haben wollte. Sie riskierten ihr Leben für den König, ohne dass er sie dafür geliebt hätte.
Eines Tages provozierte ein General den Hofnarren, und der Hofnarr ließ sich hinreißen, seinen Kontrahenten zu beleidigen. Der General war überglücklich, dem König davon zu berichten. Er verlangte die unverzügliche Hinrichtung des verhassten Narren. Schweren Herzens stimmte der König zu.
„Aber ist das gerecht?", rief Zev Ben Shmuel. „Wie oft habe ich dich, mein König, aufgeheitert? Wie oft habe ich deine Sorgen vertrieben? Wie oft hast du durch meine Späße deine Lebensfreude wiedergewonnen? Und nun soll ein einziger schlechter Scherz mein Leben beenden?"
Aber der König schien entschlossen, das Urteil zu vollstrecken. „Weil du so oft Lachen und Frohsinn in meinen Palast gebracht hast, gewähre ich dir einen letzten Wunsch. Du kannst die Art deines Todes wählen. Vielleicht möchtest du gehängt werden, dann wirst du am Gelgen enden. Ziehst du es vor, durch Gift zu sterben, dann sollst du deinen Willen bekommen. Und wenn du von wilden Tieren zerrissen werden willst, dann stehen dir meine Löwen und Tiger zur Verfügung. Wie immer du sterben willst, wir werden uns an deinen Wunsch halten."
Der Hofnarr verstand, dass der König es ernst meinte. Mit Sorge dachte er an sein bitteres Schicksal. Er war noch jung und liebte das Leben. Darum bat er um Bedenkzeit. Er hatte sich noch nie zuvor mit der Frage beschäftigt, auf welche Weise er sterben wollte. Diese Frage war ganz neu für ihn und wollte sorgfältig erwogen werden.

Anleitung

Kommt in kleinen Gruppen zusammen und überlegt euch, was ihr selbst in dieser Situation dem König antworten würdet. Und wenn ihr eine Antwort gefunden habt, dann gebt dieser Geschichte einen Schluss und schreibt das Ende des Märchens auf. Bitte schreibt euren Text im Stil des Märchens. (20 Minuten)

Auswertung

Lassen Sie verschiedene Versionen vortragen, wie der Hofnarr seinen Kopf retten könnte. Lesen Sie dann den Originalschluss vor:

Nach einer Weile kehrte Zev Ben Shmuel zum König zurück. Er schaute ihm fest in die Augen und sagte: „Ich habe hin und her überlegt. Ich weiß, dass wir alle sterben müssen. Einige von uns sterben in der Schlacht, andere werden vom Blitz erschlagen oder von wilden Tieren getötet. Aber ich liebe meinen Beruf, und genauso liebe ich das Leben, darum habe ich mich dafür entschieden, dass ich an Altersschwäche sterben möchte, in meinem Bett und in deiner Hauptstadt Babylon."

Und der König war ein Mann, der sein Wort hielt. Im Stillen hatte er sich gefragt, ob sein Narr imstande sein würde, seinen Kopf aus der Schlinge zu ziehen. Jetzt hatte er die Antwort. Er war sogar stolz, dass er den klügsten Narren weit und breit an seinem Hof hatte. Aber das wollte er in diesem Moment nicht zu erkennen geben...

Macht und Liebe

Beide Geschlechter haben die gleiche Fähigkeit, die Höhen und Tiefen intensiver Liebe zu erleben. Und doch gibt es Unterschiede in der Art und Weise, wie die Liebe verstanden wird. Frauen fühlen sich wohler, wenn die Liebe wechselseitig ist; Männer neigen dazu, die Wechselseitigkeit als Abhängigkeit zu interpretieren. Sie schützen sich oft vor der gefürchteten Abhängigkeit dadurch, dass sie Sexualität von Liebe trennen oder einfach versuchen, die geliebte Frau zu beherrschen.

Dieser Unterschied drückt sich auch darin aus, dass Männer und Frauen jeweils ein anderes zentrales Thema in ihrem Leben haben. Das große Abenteuer im Leben der Frauen hat fast immer etwas mit interpersonellen Beziehungen zu tun und kreist in der Regel um die romantische Liebe, während das große Abenteuer für viele Männer darin besteht, dass sie mächtig werden wollen. Zugespitzt könnte man sagen, dass die Männer Macht mehr schätzen als Liebe, und die Frauen Macht suchen durch die Liebe. Im Allgemeinen definieren sich Frauen eher durch Beziehungen und Liebe und Männer durch ihre Arbeit.

Die Gründe für diese unterschiedlichen Akzente liegen nicht nur in der Sozialisation, sondern in der Art und Weise, wie Jungen und Mädchen ihre Identität entwickeln. Für das Mädchen ist dieser Prozess einfacher. Sie identifizieren sich mit der Mutter, die von Anfang an die wichtigste Bezugsperson ist. Im Leben reproduzieren sie die Identität der Mutter, indem sie sich verlieben, eine Beziehung eingehen und selbst Mutter werden.

Für einen Jungen ist die Entwicklung seiner Identität komplizierter. Er muss mit der Tatsache zurechtkommen, dass seine erste Liebe unerfüllt bleibt, dass die Mutter den Vater anders liebt als ihn. Die Naturvölker haben Initiationsrituale und Zeremonien entwickelt, die den Übergang des Jungen zum erwachsenen Mann symbolisieren. In unserer Kultur fehlen diese Rituale, und dem jungen Mann bleibt nur die Möglichkeit, in die Fußstapfen des Vaters zu treten, um ökonomisch unabhängig zu werden. Dieser Prozess, die eigene Identität durch Arbeit und ökonomische Macht zu bestätigen, ist heute sehr langwierig. Junge Männer bleiben finanziell sehr lange von den Eltern abhängig. Das ist eine schwere Bürde, eine lange Reise mit vielen Risiken.

Das heißt, dass es für den Mann nicht in erster Linie die Liebe ist, die seine Identität stiftet. Er muss unabhängig werden, er muss versuchen, in seiner Arbeit Bestätigung zu finden.

Das hier ausgewählte Märchen zeigt die zentralen Lebensthemen von Frau und Mann. Das Abenteuer der Frau besteht auch hier in der Suche und dem Kampf um eine ideale Liebesbeziehung. Wir erfahren nicht, wie die Liebesbeziehung der Frau mit dem Kaufmann angefangen hat, sondern wir lernen diese Liebesbeziehung etwa in der Mitte des Lebens kennen. Mann und Frau lieben einander, der Mann aber verfügt über mehr Macht: Ihm gehört das Geschäft, und als die Ehe kinderlos bleibt, hat er das Recht, die Scheidung zu verlangen. Normalerweise hätte die Frau allen Grund, jetzt verzweifelt zu sein, denn die größte Befürchtung für die meisten Frauen ist die Bedrohung der Beziehung. Aber die Heldin reagiert nicht gekränkt, sondern sie verhält sich wie eine wirklich emanzipierte Frau. Sie kämpft um die Liebe und geht strategisch vor. Sie weiß, dass der Mann selbst unter der endgültigen Trennung leiden würde, darum schließt die Frau ein Bündnis mit der Seele des Mannes, dessen bewusstes Ego gemäß seiner Rolle (ein Mann muss Kinder haben) die Scheidung will. Als Verbündeter für die Frau tritt der weise Rabbi auf, der eine Art Eheberatung durchführt. Sein Vorschlag, den Abschied zu feiern, ermöglicht der Frau eine kluge List. Die Frau animiert den Mann, soviel zu trinken, dass er schließlich einschläft. Und erst nachdem das männliche Ego eingeschlafen ist, können sich später die Gefühle des Mannes wieder melden, nachdem er die große Liebe seiner Frau erkennt, wird auch die eigene Leidenschaft neu belebt, und er entscheidet sich, noch einmal für seine Frau, die ohne jeden Zweifel an ihrer Liebe und an dem langjährigen Gefährten festgehalten hat.

Bitte erzählen Sie die folgende Geschichte frei und mit Ihren eigenen Worten:

Die Frau, die ihren Mann kannte

(jüdisches Märchen)

In der Stadt Sidon, an der Küste des Libanon, lebte einmal ein Paar, das seit vielen Jahren glücklich verheiratet war. Mann und Frau lebten und arbeiteten Seite an Seite und liebten sich von Herzen.

Aber als die Jahre vergingen und ihr Haus nicht durch Kinder gesegnet wurde, überkam beide tiefe Trauer. Nach dem jüdischen Gesetz hatte der Mann das Recht, sich von seiner Frau zu trennen. Jedes Jahr dachten sie daran, und jedes Jahr verschoben sie die Entscheidung, weil sie fürchteten, dass sie dadurch ihr Glück verlieren würden.

Aber schließlich sagte der Mann: „Wir haben so viele Jahre gewartet, aber wir sind kinderlos geblieben. Jetzt habe ich mich entschlossen, dass es das Beste ist, wenn wir uns trennen, denn ich wünsche mir endlich ein Kind. Du musst in das Haus deines Vaters zurückgehen, wie es das Gesetz befiehlt."

Die Frau wusste, dass sie diese Entscheidung ihres Mannes nicht ändern konnte und akzeptierte sie.

Aber da sie sich beide unsicher fühlten, wollten sie noch den Rat des Rabbis einholen. Der Rabbi war aus der heiligen Stadt Jerusalem nach Sidon gekommen. Er war viel herumgereist und hatte bei den größten Lehrern der Region studiert. So war er mit der Zeit ein weiser und geschätzter Rabbi geworden.

Als das Paar zu ihm kam, setzten sich alle drei zusammen. Der Mann sagte: „Rabbi, meine Frau und ich haben über zehn Jahre glücklich zusammengelebt, aber uns wurde nicht das Glück zuteil, Kinder zu haben. Darum habe ich jetzt entschieden, dass meine Frau in das Haus ihres Vaters zurückkehren soll. Bitte gewähre uns die Scheidung, damit wir uns in Ehren trennen können."

Rabbi Bar Yochai schaute die beiden lange Zeit an, dann sagte er zu ihnen: „Meine Kinder, es schmerzt mich, dass ihr euch trennen wollt, aber das Gesetz bestimmt, dass ich euch meine Erlaubnis erteile. Ich möchte euch aber um etwas bitten: Bevor die Frau fortgeht, sollt ihr zusammen ein Abschiedsfest feiern. Weil ihr eure Ehe genossen habt, sollt ihr es auch in der Stunde der Trennung so halten." Das Paar nahm diese Bedingung an und kehrte traurig nach Haus zurück.

Als sie durch die belebten Straßen wanderten, sagte der Mann: „Mein liebes Weib. Du warst mir immer eine treue und ergebene Frau. Du sollst nicht mit leeren Händen zu deines Vaters Hause gehen. Wenn du gehst, sollst du ein Geschenk mitnehmen. Prüfe alles, was wir haben, und wähle das aus, was in deinen Augen das Wertvollste ist, was es in unserem Hause gibt."

Mit diesen Worten öffneten sie die Tür ihres Hauses. Sie wollten nun der Bitte des Rabbis entsprechen und ihre Abschiedsfeier vorbereiten.

Anleitung

Kommt in Kleingruppen zusammen und überlegt euch, welche Möglichkeiten die Frau in dieser Situation hat. Dann erzählt die Geschichte zu Ende. Schreibt sie auf und versucht dabei, im Stil des Märchens zu bleiben.

(Lassen Sie die Kleingruppen ihre Texte vorlesen und erzählen Sie erst dann, wie das Märchen in der Originalversion weitergeht:)

Am Nachmittag ging die Frau auf den Markt und füllte ihren Korb mit vielen Köstlichkeiten, und aus dem Weinkeller holte sie einen großen Krug mit dem edelsten Wein. Als es Abend wurde, deckte sie den Tisch, und ihr Mann aß und trank mit ihr. Immer, wenn sein Glas leer war, füllte sie es wieder bis zum Rand. „Dies ist das letzte Festmahl, das wir zusammen haben", sagte sie. „Lass es uns bis zum letzten Krümchen Brot und bis zum letzten Tropfen Wein genießen." Der Mann aß und trank mit Lust, aber sie nippte nur an allem. Als die Sonne untergegangen war und der Mond über Sidon aufstieg, war der Mann voll des süßen Weines und fiel schnarchend in einen tiefen Schlaf.

Als die Frau das sah, rief sie einen alten Diener, der ihr half, den Mann auf einen Wagen zu legen. Das Pferd war schon vorgespannt, und so brachte sie ihren Mann in das Haus ihres Vaters. Dort half der Diener ihr wieder, ihn auf ein Bett zu legen.
Als es Morgen wurde, erwachte der Mann und schaute sich um. Alles war ihm fremd, bis er seine Frau entdeckte, die an seinem Bette saß.
„Wo bin ich? Was mache ich hier?“, fragte er. Die Frau antwortete: „Du hast mir erlaubt, das Wertvollste aus unserem Hause mitzunehmen, wenn ich in das Haus meines Vaters zurückkehre. Und da bist du jetzt unter dem Dach meines Vaters. Ich habe alles betrachtet, was wir besitzen, aber ich konnte nichts entdecken, was mir wertvoller wäre als du selbst.“
Als der Mann diese Worte hörte, lächelte er und sagte: „Du hast weise gehandelt, und ich bin ein Narr gewesen. Lass uns nach Hause zurückkehren und zusammen leben wie immer, glücklich und zufrieden.“ Und so hielten sie es viele Jahre lang; unter dem sonnigen Himmel von Sidon lebten und arbeiteten sie gemeinsam.
Als der Rabbi davon hörte, betete er für sie. Und kurze Zeit darauf wurde das Kind geboren, auf das sie so lange schon gewartet hatten. Aber das ist eine weitere Geschichte.

❦

Auswertung

Folgende Fragen können für die Besprechung nützlich sein:

- Wie unterscheidet sich die Liebe der Frau von der Liebe des Mannes?
- Worin besteht die Stärke dieser Beziehung?
- Wodurch wird die Krise ausgelöst?
- Welche Rolle spielt der Rabbi?
- Inwiefern wirkt der Mann an der Auflösung der Liebeskrise mit?
- Welches Liebesideal zeigt diese alte Geschichte?

Die große Illusion

Zeitgenössische Romane zeigen, ähnlich wie die alten Mythen und Märchen, dass jeder Mann auf eine Abenteuerreise gehen muss. Ehe er die Liebe findet, muss er seinen Wert als Mann bestätigen, erst dann bekommt er die Liebe als Preis dafür. In dem archetypischen Abenteuer sucht der Held nach etwas, was verloren ist, nach dem heiligen Schwert oder nach dem heiligen Gral. Er muss einen schrecklichen Drachen besiegen oder andere Abenteuer bestehen. Nur so lernt der Held seine persönliche Stärke kennen, und oft braucht er die Hilfe einer Vaterfigur, um erfolgreich zu sein.

Im wirklichen Leben muss der Mann ebenfalls seine eigene Stärke entdecken. Aber die Gefahren liegen häufig in seiner eigenen Psyche. Glaubt der Mann, dass er wirklich liebenswert ist, dass er die dauerhafte Liebe einer Frau verdient? Oder muss er die klassische Aufspaltung des Frauenbildes vornehmen, in Frauen, die verführen und zerstören, bzw. in Frauen, die mütterlich sind und tröstend? Ist er tüchtig genug, um im Leben Erfolg zu haben? Ist er mutig genug, vor Konkurrenz nicht zurückzuschrecken? Die Hauptschwierigkeit für den Mann besteht darin, sich der eigenen Männlichkeit zu vergewissern. Die Restangst, die bleibt, legt nahe, Macht zu suchen, männliche Konkurrenten zu besiegen und Frauen zu kontrollieren. Und es ist naheliegend, dass sich der Mann für die Enttäuschungen seiner Kindheit rächt. Er verlangt sexuelle und erotische Treue von der Frau, ohne von sich selbst das Gleiche zu fordern. Insgeheim neigt der Mann dazu, sich im Verhältnis zur Frau in der überlegenen Position zu sehen. So kann er es vermeiden, sich abhängig zu fühlen.

Die moderne Fabel „Der rosa Elefant“ karikiert das männliche Bedürfnis nach Heldentaten. Der Held ist vollständig besessen von seinem Ziel, einen rosafarbenen Elefanten zu fangen, dass er sein ganzes Leben darauf konzentriert. Und er vergisst auf seiner Abenteuerreise vollständig die Liebe. Als dann der Erfolg da ist, zerstört dieser alles, was an Liebe vielleicht noch übrig war.

Die Geschichte hat kein Happy End. Der Mann ist und bleibt ein unverbesserlicher Egoist. Die Frau verlässt den Mann zusammen mit den Kindern. Sie hat erkannt, dass dieser Fall hoffnungslos ist. Es gibt auch keinen hilfreichen Mentor, der interveniert und die Einseitigkeit des Helden korrigiert. Ohne väterlichen Beistand verrennt sich der Held und verliert auf der ganzen Linie. Nicht einmal das Objekt seiner anstrengenden Suche bleibt konstant. Am Ende wechselt der rosa Elefant auch noch seine Farbe.

Der Autor sagt uns nichts darüber, ob der Held durch diese Schicksalsschläge gebessert wird. Die Anlage der Fabel legt nahe, dass keine Wandlung in Sicht ist. Am Ende bleibt Skepsis und die pessimistische Aussicht, dass Helden und Abenteurer unserer Zeit kaum lernfähig sind.

Bitte erzählen Sie die folgende Geschichte frei und mit Ihren eigenen Worten:

Der rosa Elefant

(nach einer Fabel von James Thurber)

Es war einmal ein Jäger, der die Leidenschaft hatte, die seltensten Tiere zu fangen – Schneeleoparden in der Mongolei, Warane auf Komodo und Paradiesvögel in Guatemala. Aber schließlich wurde ihm das alles langweilig. Er fasste den Plan, etwas zu tun, was vor ihm noch niemand gewagt hatte: Er wollte einen rosa Elefanten fangen. Und so verbrachte er die besten Jahre seines Lebens mit der Suche nach einem rosa Elefanten. Er durchstreifte China, er suchte in Afrika, er forschte in Sansibar, und er schaute in jeden Winkel Indiens, aber es gelang ihm nicht, einen rosa Elefanten zu finden. Je länger seine Suche dauerte, desto stärker wurde sein Wunsch. Er war bereit, dafür alles zu opfern – sein Vermögen, seine Zeit und seine Liebe. Er suchte so intensiv, dass er es nicht bemerkte, wenn er auf schwarzen Orchideen herumtrampelte oder eine violette Antilope seinen Weg kreuzte.

Nach vielen, vielen Jahren entdeckte er am Ende der Welt doch noch einen rosa Elefanten. Zwölf Tage lang hob er eine große Fallgrube aus, und dann heuerte er hundert Eingeborene an, da-

mit sie ihm halfen, den Elefanten in die Falle zu treiben. Schließlich war der rosa Elefant gefangen. Er wurde in einen Käfig gesteckt und nach Amerika verschifft.

Als der Jäger nach Hause kam, musste er feststellen, dass seine Farm kein passender Platz für einen Elefanten war. Das Tier zertrampelte die Blumenbeete seiner Frau, es machte das Spielzeug seiner Kinder kaputt, es tötete die kleinen Tiere auf der Farm und zertrümmerte die Möbel des Hauses und den Konzertflügel, auf dem seine Frau Sonaten von Beethoven spielte.

So ging das zwei Jahre lang. Eines Morgens wachte der Jäger aus seiner Trance auf. Er entdeckte etwas, womit er nicht gerechnet hatte...

Anleitung

Kommt bitte in Kleingruppen zusammen und überlegt euch, was der Jäger entdeckt. Erzählt die Geschichte zu Ende und schreibt eure gemeinsame Version auf. (20 Minuten)

(Lassen Sie die Kleingruppen die Texte vorlesen. Erzählen Sie dann den Schluss der Originalversion:)

Der Jäger stellte fest, dass Frau und Kinder verschwunden waren. Sie waren fortgegangen. Alle Tiere auf der Farm waren tot, bis auf den Elefanten. Der Garten war zertrampelt, und Zäune und Mauern waren niedergerissen. Der Elefant war noch derselbe, aber seine Farbe war verblichen. Er war nicht mehr rosa. Über Nacht war er weiß geworden.

❦

Auswertung

Folgende Fragen können für die Besprechung nützlich sein:

- Welche Motive hat der Jäger für seine Suche nach dem rosa Elefanten?
- Was gewinnt er dadurch?
- Welchem Lebenstraum folgt der Jäger?
- Wen oder was liebt der Jäger?
- Wie könnte man sich die Kindheit des Jägers vorstellen und seine Beziehungen zu den Eltern?
- Über die Gefühle des Jägers wurde nichts gesagt. Wie kannst du dir sein Gefühlsleben vorstellen?
- Am Ende wacht der Jäger eines Morgens auf. Glaubst du, dass das auch ein psychologisches Erwachen ist?
- Er hat Frau und Kinder vernachlässigt. Warum hat die Frau so lange nichts unternommen?
- Wie kam die Frau zu dem Entschluss, mit den Kindern fortzugehen?
- Kennst du Menschen, die ähnlich besessen sind von ihren Zielen, von ihrer Arbeit, von ihren Abenteuern?
- Warst du schon einmal von etwas besessen?
- Dem Jäger in der Geschichte fehlt ein Ratgeber oder ein Mentor. Hast du selbst jemanden, der dir von Zeit zu Zeit auf die Sprünge hilft?
- Was wird der Jäger in Zukunft tun?
- Was wird er mit dem weißen Elefanten machen?
- Glaubst du, dass er jetzt weiß, was ihm wirklich fehlt?
- Was muss geschehen, damit der Jäger sich ändern kann?
- Glaubst du, dass unsere Kultur lernfähig ist und dass wir es aufgeben können, „rosa Elefanten“ nachzujagen?

Erleuchtung

Das folgende japanische Märchen zeigt uns ein altes Ehepaar. Obgleich die beiden in äußerer Armut leben, haben sie einen Zustand der Weisheit erreicht, der beneidenswert ist. Held der Geschichte ist der Mann, der am letzten Tag des Jahres ins Dorf geht, um dort alte Strohhüte zu verkaufen, damit er die traditionellen Reistörtchen erwerben kann, die an diesem Feiertag nach alter Sitte gegessen werden. Aber der alte Mann hat kein Glück, niemand kauft ihm seine alten Hüte ab. Auf dem Rückweg trifft er auf sechs Statuen, die als Schutzgötter für Kinder verehrt werden. Ganz spontan setzt er den Steinfiguren seine Strohhüte auf, damit die Götter an diesem kalten Wintertag nicht frieren müssen. In der Nacht erwachen die Götterbilder zum Leben und besuchen den alten Mann und seine Frau, um sie mit den Reistörtchen zu überraschen.

Die Handlung ist sehr einfach, aber sie wirft ein überraschendes Licht auf die Möglichkeiten, die uns das Alter bietet. Der alte Mann hat die Spontaneität des Kindes wiedergewonnen. Das zeigt sich darin, dass er nicht nur leichten Herzens seine sechs Hüte verschenkt, sondern er behandelt die Götterbilder wie lebende Wesen. Damit nimmt er eine Haltung ein, die wir als liebevolle Empathie bezeichnen können. Er fühlt mit den frierenden Götterbildern mit und macht ihnen den kalten Wintertag erträglicher. Ein erwachsener Mensch hätte die Götterbilder als bloße Symbole betrachtet, aber für den alten Mann leben sie, und auf diese Weise geschieht ein Wunder – die Götterbilder werden tatsächlich lebendig. Sie besuchen das alte Paar. Die Reistörtchen, die sie den alten Leuten schenken, sind für die Japaner eine rituelle Speise, die oft den Göttern oder den Vorfahren im Tempel dargebracht wird. Wir können sie in Analogie sehen zum christlichen Abendmahl oder zum jüdischen Passahmahl. Das Geschenk der Götter geht also weit darüber hinaus, dem alten Paar einen Wunsch zu erfüllen. Es zeigt vielmehr, dass die alten Leute den Göttern nahestehen, weil sie einen Zustand der Erleuchtung erreicht haben. Diese Erleuchtung basiert auf ganz einfachen, aber schwer erreichbaren spirituellen Qualitäten: Bescheidenheit, Unschuld, Mitgefühl und kindliche Spontaneität. Wer über diese Qualitäten verfügt, der hat den ganzen Kreis des Lebens durchschritten und ist wieder am Ausgangspunkt angelangt. Wer wieder sein kann wie ein Kind, der hat sich, so weit es geht, dem Buddha angenähert. Darum sagt dieses Märchen auch, dass die Statuen Schutzgötter von Kindern sind. Das Wunder, das geschieht, ist die Bestätigung dafür, dass die beiden spirituelle Erleuchtung erlangt haben. Im wirklichen Leben geschieht das eher selten, alte Menschen werden oft von denselben Verstrickungen und Dämonen geplagt wie die jüngeren; sie wollen die Macht nicht aus den Händen geben; sie suchen gierig nach Geld, Glück oder Liebe, und sie können nicht im Augenblick leben. Aber das Märchen macht den Hörern Hoffnung, dass es in der zweiten Lebenshälfte möglich ist, dem Ideal der Erleuchtung ganz nahe zu kommen, dass es sich lohnt, danach zu streben. Erleuchtung kann die krönende Tugend der Reife sein.

Bitte erzählen Sie die folgende Geschichte frei und mit Ihren eigenen Worten:

Die sechs Statuen

(japanisches Märchen)

Es waren einmal ein alter Mann und eine Frau. Und sie waren sehr arm. Am Silvestertag sahen sie, dass sie kein Geld hatten, um Reistörtchen für den Neujahrstag zu kaufen.

Aber dann fiel ihnen ein, dass sie sieben Strohhüte hatten, die der alte Mann im Sommer geflochten hatte. „Ich werde ins Dorf gehen und sie verkaufen“, sagte der alte Mann. Und die Frau setzte ihrem Mann einen der Hüte auf den Kopf, und die anderen sechs hängte sie ihm an einem Band über die Schulter. Dann ging der alte Mann los, über die schneebedeckten Straßen.

Den ganzen Tag versuchte er, seine Hüte zu verkaufen, aber niemand wollte sie haben. Am späten Nachmittag machte er sich traurig auf den Rückweg durch den hohen Schnee. Unterwegs sah er sechs Götterbilder aus Stein, die im Schnee standen. Es waren Schutzgötter von Kindern, und es sah so aus, als ob sie in der

Kälte froren und sich einsam fühlten. Sie taten dem alten Mann leid, wie sie so schneebedeckt und unbeachtet am Wegesrand standen. „Ich kann euch hier nicht in der Kälte zittern lassen!", rief der alte Mann. Er setzte jeder Statue einen Strohhut auf und band die Schnur jedes Hutes unter dem Kinn jedes Götterkopfes zusammen. Dann kehrte der alte Mann heiter nach Hause zurück.
Die alte Frau seufzte, als sie hörte, dass ihr Mann keine Reistörtchen hatte kaufen können. Aber sie lächelte, als er beschrieb, wie er seine Hüte an die sechs Statuen verschenkt hatte. „Stell dir vor, wie glücklich sie sein müssen!", rief die Frau. Spät in der Nacht gingen die beiden zu Bett nach einem kargen Silvesterabendessen.
Um Mitternacht wurden sie von merkwürdigen Geräuschen geweckt. „Was kann das sein?", fragte der alte Mann überrascht. Beide lauschten aufmerksam in die Nacht hinaus.

Anleitung
Kommt bitte in Kleingruppen zusammen und überlegt euch, von wem diese merkwürdigen Geräusche kommen. Erzählt die Geschichte gemeinsam zu Ende und versucht dann, euren Text im Stil des Märchens aufzuschreiben.

(Lassen Sie die Gruppen ihre Texte vorlesen und erzählen Sie dann, wie das Märchen in der Originalversion weitergeht:)

Die alten Leute hörten, dass draußen gesungen wurde, und im nächsten Moment wurde die Tür geöffnet, und ein leinener Beutel flog zu ihnen herein. Die beiden Alten öffneten den Beutel und fanden darin die schönsten Reistörtchen, die sie je gesehen hatten. Ihr Duft füllte die ganze Hütte, und als sie durch die Tür nach draußen sahen, konnten sie die sechs Statuen erkennen, jede mit einem Strohhut auf dem Kopf. Gemeinsam verbeugten sich die Götterbilder, um den beiden Alten ein gesegnetes neues Jahr zu wünschen.

Auswertung

Folgende Fragen können die Besprechung anregen:

- Wie ist die Armut der beiden alten Leute zu verstehen? Zeigt sie soziale Not, oder liegt es näher, darin ein Symbol des Alters zu sehen?
- Mitgefühl ist im Märchen oft Einfühlung in das Schicksal anderer Menschen. Hier gilt das Mitgefühl den steinernen Götterbildern. Was wird dadurch zum Ausdruck gebracht?
- Kennst du selbst alte Menschen, die mit Gegenständen in ihrer Umgebung oder mit Wind und Wolken sprechen? Zeigt sich darin die schwindende Geisteskraft des Alters oder etwas anderes?
- Viele alte Menschen erwarten, dass sie im Alter für ihr Lebenswerk geehrt werden, dass ihr Rat von den Jüngeren gesucht wird. Was sind die höchsten Werte der alten Leute in diesem Märchen?
- Die Götterbilder erwachen zum Leben und beschenken das alte Paar. Was bringt das Märchen durch diese Ehrung zum Ausdruck?
- Was verstehst du unter Weisheit bzw. unter Erleuchtung? Welcher Zustand ist für dich der umfassendere?
- Hat es einen besonderen Sinn, dass diese Geschichte im Winter und zum Jahreswechsel spielt?
- Welche Erwartungen hast du selbst für den Winter deines Lebens?
- Wie begehst du selbst den Jahreswechsel? Nimmst du dir etwas vor?
- Kennst du jemanden, der die Kunst versteht, im Augenblick zu leben?
- Wie gut gelingt dir das selbst? Und wann?
- Die Götter in dieser Geschichte unterscheiden sich von dem Gott im Christentum. Worin siehst du die wesentlichen Unterschiede?
- Welches Bild von der Ehe zeichnet das Märchen?
- Hast du selbst weise Großeltern oder Urgroßeltern gehabt?
- Glaubst du, dass die beiden alten Menschen im Märchen Angst vor dem Tod haben?
- Hast du selbst Angst vor dem Tod?

Unterrichten

Jeder der lehrt, muss darauf gefasst sein, von seinen Schülern auf die Probe gestellt zu werden. Natürlich haben nicht alle Lernenden diesen Wunsch, aber häufig gibt es kritische Schüler, die wissen möchten, ob der Lehrer glaubwürdig ist. Besonders beliebt ist der Test der Frustrationstoleranz: Wie handhabt der Lehrer eine Provokation? Reagiert er strafend und mit dem Gewicht seiner überlegenen Rolle? Oder kann er improvisieren und eine überraschende Antwort finden?

Die folgende jüdische Geschichte zeigt uns, dass die Beziehung zwischen Lehrer und Schülern schon in alten Zeiten spannungsreich war. Wir erleben einen berühmten Rabbi, der das praktiziert, was er lehrt. Er respektiert auch den Schüler, der ihn auf die Probe stellt und stört. Damit erweist sich der Rabbi als ungewöhnlich weise. Er ist ein geduldiger Lehrer, der die Spannungen zwischen den Generationen versteht und seine Schüler respektiert.

Bitte erzählen Sie die folgende Geschichte frei und mit Ihren eigenen Worten:

Die Wette

(jüdisches Märchen)

Am Hof des Königs Herodes lebte ein junger Mann, der mit seinen Freunden wettete, dass es ihm gelingen würde, den berühmten Rabbi Hillel zornig zu machen. Er hatte von Hillel gehört und wollte herausfinden, ob dieser Rabbi wirklich so weise und geduldig sei, wie man es von ihm erzählte. Am nächsten Tag ging er in die Schule, wo der Rabbi die Torah auslegte.

„Rabbi, Rabbi", rief er und unterbrach die Unterrichtsstunde. „Warum haben die Babylonier runde Köpfe?" Der Rabbi wandte sich ihm zu und antwortete: „Das liegt daran, dass ihre Hebammen ihr Handwerk nicht verstehen."

Darauf ging der junge Mann fort. Aber am nächsten Tag kam er zurück und unterbrach den Unterricht erneut: „Rabbi, Rabbi, wa-

rum haben die Ägypter Plattfüße?" Und Hillel antwortete: „Das liegt daran, dass sie so weite Wege am Ufer des Nils zurücklegen müssen." Dann wandte er sich wieder seinen Schülern zu.
„Warte Rabbi, ich habe noch eine Frage an dich", rief der junge Mann.
Hillel antwortete sanft: „Nur zu, mein Freund, ich werde versuchen zu antworten."
„Warum haben die Numider so schlechte Augen?"
Hillel antwortete: „Das liegt an dem rauhen Wind in ihrem Land Beth, der ihnen Sand in die Augen bläst." Nach dieser Antwort führte er die Diskussion mit seinen Schülern in aller Ruhe weiter.
Aber der Höfling des Königs Herodes gab noch nicht auf. Er hatte hundert Silberlinge verwettet, dass er den Rabbi zornig machen könne, und er wollte seinen Einsatz nicht verlieren. Er blieb die ganze Nacht wach, bis er eine ganz schwierige Frage gefunden hatte.
Am nächsten Tag stürzte er in den Raum, wo Hillel unterrichtete und fing an, auf einem Fuß zu hüpfen: „Rabbi, Rabbi, kannst du mich die ganze Torah lehren, während ich auf einem Fuße hüpfe?"
Alle Schüler des Rabbis blickten entgeistert auf den jungen Mann, der ohne Unterbrechung hüpfte und seine Frage wiederholte. Er wirkte wie ein Storch, der mit den Flügeln schlug und klapperte.
Die Schüler flüsterten einander zu: „Wir studieren die Torah viele Jahre lang. Wie kann Hillel mit ein paar Worten eine erschöpfende Antwort geben?"

Anleitung

Kommt in Kleingruppen zusammen und stellt euch vor, dass ihr der Rabbi seid. Was würdet ihr antworten? Wenn ihr eine Idee gefunden habt, dann erzählt die Geschichte gemeinsam zu Ende und schreibt eure Version auf. Versucht, im Stil dieser Geschichte zu bleiben.

(Erzählen Sie bitte die Originalversion zu Ende, wenn die Gruppen ihre Texte vorgelesen haben:)

Der Rabbi blieb vollkommen ruhig. Er sah dem jungen Mann fest in die Augen und sagte: „Du sollst deinem Nachbarn nicht antun, was du selbst nicht erfahren möchtest. Das ist die ganze Torah. Alles andere ist ein Kommentar dazu. Nun geh und denke nach."

Der junge Mann stand da wie eine Salzsäule. Dann sagte er: „Ich hoffe, dass es nicht noch mehr von deiner Sorte gibt."

Hillel fragte ihn: „Warum hoffst du das?" Und der junge Mann antwortete: „Deinetwegen habe ich eine Wette über hundert Silberlinge verloren."

Jetzt lächelte Hillel und sagte: „Mein Freund, es ist besser, dass du eine Wette verlierst, als dass ich die Geduld verliere."

Der junge Mann kehrte an den Hof des Königs zurück, und wir wissen nicht, wie sein Leben weiterging. Aber die Worte des Rabbis, des weisen und geduldigen Lehrers, wurden überliefert von Generation zu Generation, bis auf den heutigen Tag.

Auswertung

Folgende Fragen können die Besprechung anregen:

- Kennst du die goldene Regel des Christentums bzw. des Islam?
- Wie wird man so weise wie Rabbi Hillel?
- Worin zeigt sich die Weisheit eines Schülers?
- Welche Qualitäten braucht ein guter Lehrer?
- Warum ist die Antwort des Rabbi doppelbödig? Was sagt er dem Störenfried symbolisch?
- Worin zeigt sich die Autorität des Rabbi?
- Wann brauchen wir Geduld?
- Unsere schnelle Kultur macht es uns allen schwer, geduldig zu sein. Welchen Preis zahlen wir dafür?
- Ungeduld macht verletzlich. Wieso?
- Wann müssen wir ungeduldig sein?
- Kennst du große Führungspersönlichkeiten, die geduldig waren?
- Wer ist zur Zeit dein Vorbild? Ist dieser Mensch geduldig?

Eifersucht

Die Geschichte, um die es hier geht, stammt aus Ghana. Auch in Afrika gibt es eine lange Tradition des Geschichtenerzählens. Zum Teil dienen die Geschichten der Unterhaltung, aber vor allem sind sie eine Möglichkeit, die Geschichte des Stammes, Werte und familiäre Traditionen weiterzugeben. Geschichten und Sprichwörter werden häufig zitiert, um Streitfälle zu entscheiden, und nicht zuletzt dienen sie als Medium, durch das die Kinder kreatives Denken lernen. In der Geschichte der weisen Frau Nunyala begegnet uns ein Häuptling, der eifersüchtig ist auf den vorzüglichen Ruf dieser Frau. Er stellt ihr eine schwere Aufgabe, die nicht zu lösen ist. Wenn die weise Frau keine Lösung findet, dann ist ihr Leben verwirkt. Darum braucht sie dann auch drei Tage und drei Nächte, um das Problem zu lösen. Die Lösung ist wirklich verblüffend. Sie verwendet in ihrer Antwort dieselbe logische Struktur, die der eifersüchtige Häuptling benutzt hatte. Nicht nur der Häuptling ist sprachlos, sondern der Zuhörer auch.

Bitte erzählen Sie die folgende Geschichte frei und mit Ihren eigenen Worten.

Die weise Nunyala

(ghanaisches Märchen)

Vor langer Zeit lebte in Ghana eine weise Frau mit Namen Nunyala. Von weit her kamen die Menschen, um sich ihren Rat zu holen, und sie fand immer eine Möglichkeit zu helfen. Ihr Ruhm verbreitete sich im ganzen Land und kam auch dem Häuptling zu Ohren, der sehr eifersüchtig wurde. Er ließ Nunyala in seinen Palast rufen: „Ich habe gehört, du bist Nunyala, die weise Frau."

„Das kann so sein, und es kann nicht so sein", antwortete sie. „Es ist das, was manche Leute sagen."

„Wenn du so weise bist", sagte der Häuptling, „dann darf ich dich sicher bitten, etwas ganz Einfaches für mich zu tun."

„Einfach oder nicht", antwortete sie, „ich werde mein Bestes tun."

Da antwortete der Häuptling: „Alles, was du zu tun hast, um deine Weisheit zu bestätigen, ist, dass du mir eine Kuh bringst."
Nunyala dachte im Stillen: „Aha, eine Kuh. Das ist nicht so schwer. In meinem Dorf gibt es viele Kühe." Aber sie wusste, dass der Häuptling noch nicht zu Ende gesprochen hatte: „Nun pass gut auf, Nunyala. Du sollst mir eine Kuh bringen, aber diese Kuh darf nicht schwarz sein, und sie darf auch nicht weiß sein, sie darf auch nicht braun sein oder gelb, sie darf auch nicht gefleckt sein oder gestreift. Diese Kuh darf überhaupt keine Farbe haben. Bring mir eine Kuh ganz ohne Farbe. Du hast dafür drei Tage Zeit. Wenn du das nicht schaffst, lasse ich dich unverzüglich töten."
Nunyala kehrte in ihr Dorf zurück, setzte sich in ihre Hütte und überlegte: „Soll ich getötet werden, weil einige Leute sagen, dass ich genauso weise bin wie der Häuptling? Soll ich mein Leben verlieren, weil der Häuptling eifersüchtig ist? Ist das die Methode eines weisen Führers, um Gerechtigkeit zu üben?" Nunyala wusste, dass sie auf diese unmögliche Forderung des Häuptlings eingehen musste. Die Frage war nur, wie sie das schaffen könnte.

Anleitung
Kommt nun in Kleingruppen zusammen und überlegt euch, wie die weise Nunyala den grausamen und ungerechten Häuptling in seine Schranken verweisen kann. Diskutiert, was Nunyala tun kann und schreibt dann gemeinsam das Ende der Geschichte auf. Bleibt bitte im Stil dieser afrikanischen Lehrgeschichte.

(Lassen Sie die Teilnehmer ihre Texte vorlesen und erzählen Sie dann das Ende der Geschichte in der Originalversion:)

Ohne sich von der Stelle zu rühren, saß Nunyala drei Tage und drei Nächte in ihrer Hütte, dann schickte sie ein Kind aus dem Dorf zum Palast des Häuptlings. Der Häuptling saß auf seinem Thron, neugierig, was das Kind wohl sagen würde. Und das waren die Worte des Boten:
„Oh, weiser Häuptling, Nunyala, die weise Frau aus unserem Dorf hat mich zu dir geschickt, damit ich ihre Worte wiederhole.

Ihre Botschaft lautet: ‚Ich habe deine Kuh ohne Farbe. Sie ist in meiner Hütte. Du kannst kommen und sie dir holen. Aber komm auf keinen Fall am Morgen; komm auch nicht am Abend; komm nicht bei Sonnenaufgang; komm nicht bei Sonnenuntergang; komm nicht zur Mittagszeit; und komm auch nicht um Mitternacht; komm zu überhaupt keiner Zeit. Du kannst deine Kuh ohne Farbe zu keiner Zeit haben.'"

Und das Kind drehte sich um und verließ den Palast. Der Häuptling saß sprachlos auf seinem Thron und dachte über die Worte der weisen Nunyala nach, aber er fand keine Möglichkeit, wie er die Kuh ohne Farbe in seinen Besitz bringen könnte.

Auswertung

Folgende Fragen können für die Besprechung interessant sein:

- Worin besteht die List, die Nunyala anwendet?
- Inwieweit unterwirft sich Nunyala der Macht des Häuptlings?
- Inwieweit stellt sie sich auf dieselbe Ebene?
- Erfinde ein Sprichwort, das die Botschaft dieser Geschichte zum Ausdruck bringt.
- Inwiefern fängt Nunyala den Häuptling in seinem eigenen Netz?
- Wie entsteht Rivalität?
- Neigst du selbst zu Eifersucht und Rivalität?
- Wie hältst du diese „Dämonen" in Schach?
- Wann ist Konkurrenz gut, wann schlecht?
- Wann gibst du dir besondere Mühe – wenn dich etwas interessiert oder wenn du besser sein willst als andere?

Geschichten erfinden

Im Quartett erzählen

Bei dieser Strategie verwendet der Gruppenleiter nur das Handlungsskelett einer bereits vorhandenen Geschichte. Er teilt die ganze Geschichte in kleinere Abschnitte auf. Am Ende jedes Abschnittes erzählen drei Teilnehmer, was sie in ihrer Vorstellung gerade erleben. Auf diese Weise entsteht ein Kooperationsprozess zwischen dem Erzähler, der den Gang der Handlung berichtet, und einem Trio, das der Geschichte Atmosphäre und Leben einhaucht.

Anleitung

Für dieses Experiment brauche ich drei Freiwillige, die sich hinter mich setzen, dem Rest der Gruppe gegenüber. Ich werde gleich eine Geschichte erzählen, und immer wenn ich eine Pause mache, dann sollen die drei berichten, was sie in ihrer Phantasie gerade sehen.

(Sie können das Trio nach ein oder zwei Erzählschritten durch ein Neues ersetzen. – Unten finden Sie eine komprimierte Geschichte, die sich für diese Vorgehensweise gut eignet. Die Zäsuren sind angedeutet, aber Sie können die Erzählstopps natürlich auch an anderen Stellen machen. Bitte erzählen Sie die folgende Geschichte frei und mit Ihren eigenen Worten.) Die Geschichte, die ich euch erzählen möchte heißt:

Die blaue Schale

(nach einer Erzählung von Isak Dinesen)

Ein sehr reicher Engländer war lange als Berater der Königin tätig gewesen.

In hohem Alter sammelte er blaues chinesisches Porzellan. Das wurde seine große Leidenschaft.

Auf seinen Reisen begleitete ihn seine Tochter, Lady Helena.

...

Auf einer Fahrt durch die chinesische See fing das Schiff Feuer. Panisch stürzten alle zu den Rettungsbooten.

Lady Helena kam erst an Deck, als fast alle das Schiff schon verlassen hatten.

…

Nur ein junger, englischer Seemann war außer ihr noch auf dem Schiff. Er half der jungen Frau in ein Rettungsboot, das von der Besatzung vergessen wurde.
Hoher Seegang trieb das Boot der beiden Flüchtlinge in die dunkle Nacht.
Einmal sahen sie eine Sternschnuppe, die in ihr Boot zu fallen schien.
Nach neun Tagen wurden die beiden von einem holländischen Handelsschiff gerettet und nach England gebracht.

…

Der alte Lord weinte vor Freude, als er seine Tochter wieder in die Arme schließen konnte. Er brachte sie in ein Seebad, damit sie sich von den durchlebten Strapazen erholte.
Es war ihm peinlich, dass ein junger Matrose neun Tage mit seiner Tochter allein auf dem Meer verbracht hatte.
Er bezahlte ihm einen hohen Betrag und nahm ihm das Versprechen ab, nie wieder nach England zurückzukehren.
„Welchen Sinn hätte es, wenn meine Tochter ihn wiedersehen würde?“

…

Lady Helena erholte sich.
Jetzt erfuhr sie, was es Neues bei Hof und in ihrer Familie gab und dass der junge Seemann fortgeschickt worden war und nie wieder zurückkehren sollte.
Lady Helena veränderte sich. Ihre Diener glaubten, sie litte immer noch an den Folgen des erlebten Schiffbruchs.
Sie wollte nicht in das Schloss ihres Vaters oder an den Hof der Königin zurückkehren. Sie wollte auch keine Vergnügungsreisen in andere Städte auf dem Kontinent machen.

…

Sie interessierte sich für nichts mehr in der Welt. Sie wollte nur noch seltenes blaues, chinesisches Porzellan sammeln..

Sie segelte von einem Land zum anderen, und ihr Vater begleitete sie.

...

Sie kaufte Hunderte blauer Schalen und Krüge, aber nach einiger Zeit stellte sie fest: „Es ist nicht das richtige Blau."

...

Nach vielen Jahren sagte ihr Vater, dass es diese Farbe, die seine Tochter suchte, vielleicht gar nicht gäbe.
„Oh, wie kannst du so etwas sagen, Vater! Es muss dieses Blau noch geben, denn am Anfang war die ganze Welt so blau."

...

Viele Jahre vergingen. Der alte Lord starb, und Lady Helena wurde alt und taub.
Aber immer noch umsegelte sie die Welt.
Eines Tages brachte ihr ein Kaufmann eine sehr alte Schale.
Lady Helena rief voller Freude: „Das ist es! Das ist das wahre Blau! So tief, wie ein tiefes Geheimnis und so voll, dass ich es nicht sagen kann."
„Jetzt kann ich sterben."

...

Mit zitternden Händen drückte sie die Schale an ihr Herz und verbrachte sechs Stunden in tiefer Kontemplation.
„Wenn ich tot bin, sollt ihr mein Herz herausschneiden und in diese Schale legen. Dann ist alles um mich herum blau, und in dieser blauen Welt wird mein Herz unschuldig und frei sein."
Kurz vor ihrem Tode sagte sie: „Wenn man nur Geduld hat, dann kommt alles, was man jemals hatte, zu einem zurück."
Kurz danach starb die alte Lady.

Fragmente

Hier haben die Teilnehmer die Aufgabe, aus Bruchstücken eine Geschichte zu rekonstruieren. Ganz am Ende werden die erfundenen Geschichten mit dem Original verglichen, aus dem die einzelnen Fragmente entnommen wurden.

Anleitung

Stell dir vor, dass du das Fragment einer Geschichte vor dir hast. Fast der ganze Text ist unleserlich geworden. Im Ganzen kannst du nur vierzehn Wörter erkennen. Auch die Überschrift ist nicht mehr lesbar.

Die Aufgabe besteht darin, den Text der Geschichte, so gut es geht, zu rekonstruieren.

Kommt immer zu dritt zusammen, damit ihr gemeinsam arbeiten könnt. Ich werde euch jetzt die vierzehn Wörter diktieren, die als Einzige von der Geschichte übriggeblieben sind. Ich diktiere sie in der Reihenfolge, wie sie in dem beschädigten Original verwendet wurden:

1. Lehrer
2. Junggeselle
3. Mutter
4. Tod
5. Begräbnis
6. fixe Idee
7. Psychiater
8. Hypnose
9. sieben Rosen
10. wegwerfen
11. berufliche Entwicklung
12. Erfolg
13. Knopfloch
14. verwelkt.

Diskutiert miteinander, welche Assoziationen die einzelnen Wörter bei jedem von euch auslösen, und versucht gemeinsam, aus diesen

Bruchstücken die Geschichte zu rekonstruieren. Gebt eurer Geschichte eine sinnvolle Handlung, einen klaren Anfang, ein Problem, das gelöst wird, und einen klaren Schluss. Schreibt eure Geschichte auf, so dass ihr sie nachher in der Gruppe vortragen könnt. (30 Minuten)

(Lassen Sie die Trios ihre Geschichten vortragen und erzählen Sie dann die ursprüngliche Version mit Ihren eigenen Worten. Die Geschichte ist hier komprimiert nacherzählt.)

Die siebte Rose

(nach Ken Whitmore)

Ein Mann von 38 Jahren, Lehrer, Junggeselle.

Überraschender Tod der Mutter.

Erst jetzt entdeckt er, wie sehr er die Mutter geliebt hat. Nach dem Begräbnis bricht er seelisch zusammen, ist wie gelähmt.

Das Unterrichten fällt ihm schwer, im Privatleben geht alles schief. Der Tod der Mutter wird zur fixen Idee: Schuldgefühle. Er muss ständig über seine Mutter reden.

Besuch beim Psychiater.

Der Arzt wendet Hypnose an.

Er gibt dem Mann sieben Rosen.

Jede Woche soll er eine wegwerfen. Jedesmal, wenn er eine Blume wegwirft, wird sein Schuldgefühl kleiner.

Nach der siebten Rose wird er sich wieder gut fühlen.

Der Mann befolgt die Anordnung des Psychiaters: Die berufliche Entwicklung geht weiter, er wird Professor an der Universität.

Er hat auch privat Erfolg und findet eine Freundin.

Aber im Knopfloch seines Jacketts trägt er Tag für Tag eine Rose, verblichen und verwelkt.

Auswertung

Folgende Fragen können die Diskussion anregen:

- Wie stellst du dir Kindheit und Jugend des Lehrers vor?
- Was ist mit dem Vater?
- Welche Gefühle hatte der Mann für seine Mutter?
- Warum entdeckt er erst nach ihrem Tod, wie sehr er sie geliebt hat?
- Welche Vorwürfe macht sich der Mann?
- Wie erklärst du dir die seelische Erholung des Mannes?
- Was symbolisiert die siebte Rose?
- Hältst du es für riskant, dass der Mann vom Rat des Psychiaters abgewichen ist?
- Wie wird sich seine Beziehung zu Frauen in der Zukunft entwickeln?
- Kennst du Menschen mit einer starken Mutterbindung?
- Wie schätzt du deine Beziehung zu deiner Mutter ein?
- Ist die siebte Rose ein Symptom des ursprünglichen Problems oder ein Zeichen der Genesung?
- Bewahrst du irgendwelche Objekte auf zur Erinnerung an eine/n Verstorbene/n?
- Hatte der Lehrer es versäumt zu trauern?
- Wie lange dauert Trauer?
- Was verdankst du deiner Mutter? Deinem Vater?

Präludium

Eine klassische Möglichkeit, die Teilnehmer zum Erzählen zu bringen, besteht darin, die ersten Sätze einer Geschichte vorzugeben. Wichtig ist, dass die skizzierte Situation eine Fortsetzung und Entwicklung nahelegt.

Bei dieser Struktur erhalten Sie in der Gruppe sehr unterschiedliche Geschichten. Sie können sie vorlesen lassen und versuchen, eine Gruppierung vorzunehmen: Welche Geschichten sind einander ähnlich? Sie können der Auswertung auch einen gruppendynamischen Akzent geben, indem Sie die Geschichten selbst vorlesen und die Gruppe raten lassen, wer der jeweilige Autor ist.

Anleitung

Ich werde gleich den Anfang einer Geschichte erzählen, und du sollst die Geschichte dann zu Ende bringen. Du bist völlig frei in der Gestaltung deiner Geschichte, aber versuche, nicht mehr als eine Seite zu schreiben, und gib der Geschichte einen klar erkennbaren Schluss. Sie beginnt so:

Tief in einem Brunnen lebte ein Frosch. Er kannte den Brunnen in- und auswendig, weil er hier schon als Kaulquappe herumgeschwommen war. Sonst kannte er nichts von der Welt, nur ein kleines Stück des hellen Himmels über sich.
Eines Tages flog eine Amsel über den Brunnen. Sie brachte den Frosch zum Nachdenken... (20 Minuten)

Auswertung

Lassen Sie möglichst viele Teilnehmer ihre Texte vorlesen. Die folgenden Fragen können die Besprechung anregen:

- Wie bin ich vorgegangen, um mir diese Geschichte auszudenken?
- Konnte ich mich mit dem Frosch identifizieren?
- Was gefällt mir an diesem Tier?
- Haben mich Froschgeschichten angeregt, die ich schon kannte?

- Bin ich schrittweise vorgegangen, ohne das Ende meiner Geschichte schon zu kennen?
- Habe ich in der Phantasie Bilder gesehen, die ich dann in Worte gebracht habe?
- Habe ich daran gedacht, dass sich mein Frosch verwandeln kann? Habe ich ihm eine neue Identität gegeben?
- Was hat der Frosch gedacht, als er die Amsel über den Brunnen fliegen sah?
- Was symbolisiert der Frosch?

Alternativen

- Es war einmal ein alter Fischer, der mit seiner Frau an der Küste des Meeres lebte. Eines Tages blieben seine Netze leer, so sehr er sich auch anstrengte. Entmutigt wollte er schon nach Hause gehen, als er beschloss, noch einen letzten Versuch zu wagen...

- Großvater war allen im Wege. Sie setzten sich auf seinen Fernsehsessel, niemand interessierte sich für seine Meinung. Seine Schwiegertochter tat ihm niemals Zucker in den Kaffee. Er hatte genug davon, immer ignoriert zu werden. Eines Tages setzte er sich in die Straßenbahn und fuhr in die Stadt...

- Vor langer Zeit lebte eine alte Frau mit ihrem Sohn am Rande eines großen Waldes, in dem merkwürdige Dinge geschahen. An einem Frühlingstag ging der junge Mann in den Wald und setzte sich auf einen Baumstumpf. Eine wunderschöne silberne Schlange kam zwischen den Wurzeln hervor. Der junge Mann rief laut: „Wie schön du bist! Ich will dich mit mir nach Hause nehmen..."

- Ein junger Mann und seine Frau machten sich auf die Reise, um die Mutter des Mannes zu besuchen. Meistens waren sie rechtzeitig zum Abendessen gekommen, aber diesmal waren sie spät aufgebrochen, und jetzt wurde es schon dunkel. Darum beschlossen sie, eine Herberge zu suchen und am nächsten Morgen weiterzureisen. Nicht weit von der Straße sahen sie ein kleines Haus am

Waldrand. „Vielleicht gibt man uns dort ein Zimmer“, sagte die Frau. Sie klopften an, um zu fragen...

- Einige junge Leute verbrachten die Nacht auf einer Party. Am Ende der Straße war ein Friedhof. Sie sprachen darüber, wie unheimlich es dort wäre. „Man soll sich nachts nie an ein Grab stellen“, sagte einer der Jungen. „Der Tote kann nach dir greifen und dich nach unten ziehen...“

- Eine Witwe lebte allein im obersten Stockwerk eines Mietshauses. Eines Morgens klingelte ihr Telefon. „Hallo“, sagte die Frau. „Dies ist der Engel des Todes“, sagte ein Mann. „Ich komme nach oben...“

- Es war einmal ein Pfarrer, der versuchen wollte, einem verhexten Haus den Frieden wiederzugeben. Das Haus war bereits zehn Jahre lang verhext. Einige unerschrockene Gemeindemitglieder hatten den Versuch gemacht, die Nacht hier zu verbringen, aber sie bekamen es alle mit der Angst und ließen sich von dem Spuk vertreiben.

- Es war einmal eine alte Königin, die war todkrank. Sie dachte: „Jetzt liege ich wohl schon auf meinem Totenbett.“ Kaum hatte sie diesen Gedanken ausgesprochen, da klopfte es an die Tür ihres Gemaches...

- Es war einmal ein Königssohn, der hatte eine Braut, die er sehr liebte. Eines Tages kam ein Fremder auf das Schloss...

Finale

Reizvoll ist es auch, die letzten Sätze einer Geschichte vorzugeben und die Teilnehmer dann zu bitten, eine dazu passende Geschichte zu erfinden. Diese Vorgehensweise ist etwas schwieriger als die der vorigen Übung (Präludium), darum sollte hier in kleinen Gruppen gearbeitet werden.

Anleitung

Bitte kommt in Trios zusammen und notiert euch folgende letzte Sätze einer Geschichte:

... Die Frau, die rechts neben ihm saß, versuchte sich loszureißen.
Unter Tränen sagte sie: „Lass mich gehen, es ist schon Morgen."
Er weigerte sich und versuchte sie festzuhalten.
Da verwandelte sie sich in eine Wildkatze, biss ihn in die Hand und kam frei. Mit großen Sprüngen verschwand sie im Wald.

Arbeitet zusammen und denkt euch eine Geschichte aus, die diesen Schluss hat. (30 Minuten)

(Lassen Sie die Trios ihren Text vorlesen. Wenn die Teilnehmer es wünschen, dann können Sie auch die Originalgeschichte erzählen – bitte, mit Ihren eigenen Worten:)

Wildkatze

(alte koreanische Erzählung)

Ein Gelehrter und seine Frau lebten draußen vor dem Stadttor. Sie waren bitterarm. Der Mann arbeitete immer bis spät in die Nacht. Einmal hatten sie eine Woche lang nichts zu essen. Darum schickte der Mann die Frau in den Wald, um Kastanien zu sammeln. Sie kam mit sieben vertrockneten Kastanien in ihrem Korb zurück. Plötzlich ging die Tür noch einmal auf, und eine Frau kam herein, die trug auch einen Korb mit sieben vertrockneten Kastanien. Sie sah der Frau des Gelehrten ähnlich wie eine Zwillingsschwester. Die beiden Frauen sahen sich an und fragten einander im selben Augenblick: „Wer bist du?"

Der Gelehrte zog beide zu sich heran und fasste sie an den Handgelenken.
So saßen sie zu dritt die ganze Nacht.
Da krähten die Hähne. Die Frau, die zur Rechten des Mannes saß...

Auswertung

Folgende Fragen können die Besprechung anregen:

- Wie ist die Beziehung zwischen dem Gelehrten und seiner Frau?
- Inwiefern ist die Macht in dieser Beziehung ungleichmäßig verteilt?
- Konnten die Frauen ihre gegenseitige Frage „Wer bist du?" beantworten?
- Inwiefern versucht der Gelehrte, die Frauen zu kontrollieren?
- Was wird symbolisch durch die Verwandlung der Doppelgängerin in eine Wildkatze angedeutet?
- Was bedeutet der Biss in die Hand?
- Wie könnte man sich die weitere Entwicklung der Beziehung zwischen dem Gelehrten und seiner Frau vorstellen?
- Was symbolisiert die Doppelgängerin? die Wildkatze?

Alternativen

- ....öffnete seine Augen. Martha stand immer noch neben ihm. Sie lächelte. Von der Kirche auf dem Hügel kam das Geläut der Glocken herüber.

- „...über Bord gespült und ertrunken. Aber du und ich, wir wissen es besser."

- … „Martin?“ „Er lebt immer noch in dem Dorf, aber nicht mehr in dem großen Haus. Er führt jetzt die Kneipe, in der die ganze Geschichte anfing.“

- … Der Bauer und die Ziege sahen einander an. Dann brachen beide in ein schallendes Gelächter aus.

- … „Ich glaube, ich habe heute viel gelernt“, sagte er. Sie umarmten sich und tanzten die ganze Zeit vom Abend bis zum Morgen.

- … Nachdem das Schloss endlich befreit war, wurden Prinz und Prinzessin zu König und Königin, die über das Land herrschten. Recht und Ordnung waren wieder hergestellt, und sie lebten glücklich bis an das Ende ihrer Tage.

Miniaturen

Hier geben wir den Teilnehmern eine Miniatur, die nur aus einem Satz besteht. Die Aufgabe besteht drin, aus diesem Kern eine lebendige und interessante Geschichte zu machen.

Anleitung

Ich werde euch gleich eine sehr, sehr kurze Geschichte vorlesen. Ihr müsst euch gut konzentrieren, weil ich die Geschichte nur einmal vorlesen werde. Wenn ihr wollt, könnt ihr euch Notizen machen. Nachher soll die vollständige Geschichte rekonstruiert werden. (Lesen Sie den folgenden Text in normalem Gesprächstempo):

Salomos Urteil

Der König hörte beide Frauen an, bevor er seinen Dienern befahl, das kleine Kind in zwei Teile zu spalten. Da schrie die wahre Mutter: „Nein, nein, gebt das Kind der anderen Frau!“

Kommt jetzt immer zu zweit zusammen und macht aus der kurzen Geschichte eine längere. Wenn ein Paar seinen Text fertig aufgeschrieben hat, dann können die Partner herumgehen und bei den anderen Paaren zuhören. Wenn es erwünscht ist, können Sie den Paaren, die noch arbeiten, helfen. (20 Minuten)

Auswertung

Lassen Sie nun einen Freiwilligen die Rolle des Schreibers übernehmen und die Geschichte auf Flipchart aufschreiben. Dabei sollen die Vorschläge von möglichst vielen Paaren berücksichtigt werden.

Lassen Sie dann den fertigen Text vorlesen, damit überprüft werden kann, ob nichts Wesentliches vergessen wurde.

Folgende Fragen können bei der Besprechung hilfreich sein:

- Heute würde das Gericht einen Gentest anordnen. In welchen Punkten ist Salomos Methode besser?

- Was bewirkt Salomos Methode bei der falschen Mutter? Was bewirkt sie bei der echten Mutter?
- Findest du, dass Salomos Urteil weise ist?
- Was hätte Salomo getan, wenn die echte Mutter nicht verzichtet hätte?
- Inwiefern ist dies eine alte Kriminalgeschichte?
- Welche Motive könnte die falsche Mutter haben, das Kind für sich zu fordern?
- Hätte eine Königin, d. h. ein weiblicher Richter, eine andere Methode angewendet, um die Wahrheit herauszufinden?

Variante

Von seiner Frau zur Rede gestellt, was seine nächtlichen Ausflüge bedeuteten, antwortete John schnell, dass er ein Einbrecher sei. Als seine Frau wissen wollte, wo er sein Diebesgut habe, war John gezwungen, tatsächlich einige Zeit den anstrengenden Beruf eines Diebes auszuüben, bis er den Stress nicht mehr aushielt, und seine Frau verließ, um mit seiner Geliebten zu leben. Daraufhin zeigte die Frau der Polizei seine Diebesbeute.

Liebesgeschichten

Hier verwenden wir das Märchen von Rapunzel als Katalysator, um bei den Teilnehmern die Erinnerung an Liebesgeschichten wachzurufen, die sie kennen und bemerkenswert finden. Sie sollen einander dann diese Liebesgeschichten erzählen.

Anleitung

Ich möchte euch jetzt eine alte Liebesgeschichte erzählen. (Bitte erzählen Sie frei und mit eigenen Worten das folgende Märchen, das hier sehr kompakt wiedergegeben ist:)

Rapunzel

(Brüder Grimm)

In einer Hütte lebten ein Mann und eine Frau. Vom Schlafzimmerfenster aus konnte die Frau die Rapunzelpflanzen im benachbarten Garten sehen. Sie wollte unbedingt davon essen. Zunächst wollte der Mann nichts davon hören, denn die Nachbarin war eine Hexe.

Am Ende gab er den Bitten der Frau nach. Als er zum zweiten Mal Rapunzel holte, wurde er von der Hexe ertappt. Er musste ihr das erste Kind versprechen, das die Frau zur Welt bringen würde.

Ein Mädchen wurde geboren, und der Mann gab das Kind der Hexe, die es Rapunzel nannte.

Als Rapunzel zwölf Jahre alt ist, bringt die Hexe das Mädchen in einen Turm im Wald. Der Turm hat keine Tür. Rapunzel macht aus ihren langen Haaren einen Zopf, den sie aus dem Fenster hängt. Daran steigt die Hexe am Morgen in den Turm, und am Abend klettert sie daran wieder herab.

Ein Prinz kommt vorbei und hört Rapunzel singen. Er beobachtet die Hexe und verliebt sich in das Mädchen. Er besucht sie jeden Tag.

Eines Tages findet die Hexe die beiden zusammen. Sie schneidet Rapunzels Zopf ab und wirft den Prinzen aus dem Fenster. Er fällt

in die Dornen und wird blind. Drei Jahre irrt er als Bettler umher.
Rapunzel kann aus ihrem Gefängnis entkommen und sucht den Prinzen überall.
Schließlich findet sie ihn in der Wüste. Sie weint, und ihre Tränen fallen auf seine Augen; da kann der Prinz wieder sehen.
Sie gehen zum Palast des Königs, heiraten und bekommen Kinder.

❦

Schließt bitte die Augen eine Weile und denkt an eine Liebesgeschichte, die ihr selbst kennt und die euch etwas bedeutet. Das kann eine Geschichte sein, die ihr gelesen habt, die euch als Kind erzählt wurde; es kann eine Filmgeschichte sein oder die Liebesgeschichte von jemandem, den ihr kennt. Wenn euch diese Geschichte eingefallen ist, dann erinnert euch daran, was in dieser Geschichte passiert, so dass ihr sie nachher erzählen könnt. (3 Minuten)

Kommt nun bitte mit einem Partner zusammen und erzählt euch die Geschichte, die euch in den Sinn gekommen ist. (10 Minuten)

Auswertung
Geben Sie einigen Freiwilligen Gelegenheit, die Liebesgeschichte, die ihnen eingefallen ist, im Plenum zu erzählen.

Folgende Fragen können die Besprechung anregen:
- Gibt es Eltern, die keine Fehler haben?
- Gibt es Kinder, die keine Fehler haben?
- Gibt es Liebe ohne Schwierigkeiten?
- Was können Kinder aus den Fehlern der Eltern lernen?
- Was gewinnt die Liebe durch Schwierigkeiten?
- Was bedeutet der Satz: „Liebe macht blind?“
- Welche Gefühle (mehrere!) müssen erlebt werden, damit die Liebe haltbar wird?
- Welche Gefahren drohen der Liebe?

Unrecht

Ein Thema, das uns alle fasziniert, ist das Unrecht. Manchmal fühlen wir uns selbst als Opfer, manchmal erleben wir uns als Täter. Wenn wir als Kinder für Fehler und Missetaten nicht allzu hart bestraft wurden, dann fällt es uns später im Leben leichter, unsere Schattenseiten zur Kenntnis zu nehmen. Der Pharisäer war in der Regel ein Kind, das große Angst vor Strafe hatte. Darum vermeidet er gern den Blick in die Abgründe des eigenen Herzens. Hier verwenden wir eine kurze, volkstümliche Erzählung als Katalysator zum Erzählen eigener Unrechts-Geschichten.

Anleitung

Ich möchte euch eine ganz kurze Geschichte erzählen. (Bitte erzählen Sie frei und mit eigenen Worten die folgende Geschichte, die hier sehr kompakt wiedergegeben ist.)

Der Obstgarten

(jordanische Erzählung)

Ein Junge bittet seinen Vater, ihn mit zur Arbeit zu nehmen.
Der Vater lehnt ab: seine Arbeit sei zu schwer für den Jungen.
Der Sohn bittet beharrlich weiter.
Schließlich gibt der Vater nach.
Beide wandern aus der Stadt zu den Obstgärten.
Der Vater sagt dem Jungen, dass er rufen soll, wenn irgendjemand ihn sehen kann.
Dann steigt er über eine Mauer und klettert auf einen Apfelbaum.
Als der Vater die Hand nach einem Apfel ausstreckt, ruft der Sohn:
„Jemand kann dich sehen, Vater.“
„Wer?“
„Gott! Was du tust, ist Unrecht.“

Lasst euch etwas Zeit und denkt darüber nach, ob euch diese Geschichte an etwas erinnert, was ihr selbst erlebt habt. Vielleicht war das eine Gelegenheit, bei der ihr selbst etwas getan habt, was Unrecht war. Es kann aber auch sein, dass euch eine Gelegenheit einfällt, wo euch ein Unrecht angetan wurde. Vielleicht erinnert ihr euch an ein Ereignis, wo ihr beobachten konntet, wie ein Unrecht geschah. Lasst euch zwei Minuten Zeit, um euer Gedächtnis zu befragen...

Kommt nun immer zu fünft zusammen und erzählt euch gegenseitig, was euch eingefallen ist. Sagt einander, was ihr über diese Geschichten denkt, welche Gefühle sie bei euch auslösen, was man in solchen Situationen tun kann oder tun sollte. (20 Minuten)

Auswertung

- Wie entwickeln wir ein moralisches Bewusstsein?
- Kann man zu wenig moralisches Bewusstsein haben? Kann man zu viel davon haben?
- Welche Rolle spielen unsere Eltern? Wie helfen sie uns, Recht von Unrecht zu unterscheiden?
- Welche Rolle spielen unsere Gefühle?
- Warum sind Mitgefühl und Einfühlungsvermögen wichtig?
- Gibt es Menschen, die hemmungslos sind und ihre Unrechtsimpulse nicht zügeln können?
- Was mache ich, wenn ich erlebe, dass jemandem Unrecht getan wird? Schaue ich weg? Helfe ich?
- Was ist mein wichtigster moralischer Grundsatz? Was darf ich auf keinen Fall tun? Was sollte ich möglichst immer beachten?
- Wenn ich jemandem Unrecht getan habe, fällt es mir dann leicht, das zuzugeben und mich zu entschuldigen?
- Warum ist es wichtig, Schaden wiedergutzumachen?

Drei Begriffe erzählen eine Geschichte

Hier verwenden wir drei Begriffe (Vogel – Metall – Feuer) als Schlüsselbegriffe für eine Geschichte. Damit die Phantasie der Teilnehmer angeregt wird, müssen sie zunächst die Geschichte erraten, die der Gruppenleiter im Kopf hat. Danach können sie sich in Paaren eine eigene Geschichte ausdenken.

Anleitung

Gruppenleiter: „Ich habe mir drei Begriffe überlegt, aus denen man interessante Geschichten machen kann. Und ich habe mir auch selbst eine Geschichte ausgedacht. Zunächst sollt ihr herausfinden, wie meine Geschichte geht. Dazu könnt ihr mich fragen, aber ich werde jede Frage nur mit Ja oder Nein beantworten.

(Eine ganz einfache Geschichte, in der die genannten drei Begriffe eine Rolle spielen, könnte wie folgt lauten:)

Feuer im Grasland

(Bericht aus Südafrika)

In Südafrika gibt es weite Ebenen, wo kaum Bäume stehen, wo es nur endlose Grasflächen gibt. Hier kommt es immer wieder zu Bränden, die von den Geiern ausgelöst werden. Die Tiere setzen sich auf das Kabel einer Überlandleitung, um dort auszuruhen. Wenn sie dann weiterfliegen wollen, breiten sie ihre mächtigen Schwingen aus, und berühren damit oft eine zweite Leitung. Dadurch entsteht ein Kurzschluss. Die Geier werden durch den Stromschlag getötet, und darüber hinaus setzt der entstehende elektrische Blitz ihre Federn in Brand. Die Tiere fallen brennend ins Gras, das dadurch ebenfalls Feuer fängt. Auf diese Weise können große Flächenbrände entstehen.

(Lassen Sie die Teilnehmer so lange Fragen stellen, bis die Geschichte in ihren Grundzügen rekonstruiert ist.)

Kommt nun immer zu zweit zusammen und erfindet gemeinsam eine eigene Geschichte, in der die drei Begriffe Vogel – Metall – Feuer vorkommen. Schreibt eure Geschichte auf und lernt sie auswendig. (20 Minuten)

Sucht euch jetzt einen anderen Partner und erzählt ihm eure Geschichte. (Sorgen Sie bitte dafür, dass die Teilnehmer mehrfach mit anderen Partner zusammenkommen können, um ihre Geschichte zu erzählen.

Auswertung

Wenn die Gruppe sich dafür interessiert, können Sie zunächst die vollständige Version der Geschichte erzählen, die Sie selbst im Kopf hatten.

Folgende Fragen sind für die Auswertung nützlich:

- Warum ist Feuer eine gute Zutat zu einer Geschichte? Was fasziniert uns daran?
- Welche Rolle spielt das Feuer im Kosmos, bei der Entstehung der Welt, in der Geschichte aller Kulturen? Welche Rolle spielt es heute für uns?
- Auch Vögel können Geschichten interessant machen. Kennst du den Film „Die Vögel“ von Hitchcock?
- Was fasziniert dich an Vögeln?
- Welcher ist dein Lieblingsvogel?
- Gibt es einen Vogel, den du gar nicht magst?
- Hast du dir manchmal vorgestellt, dass du fliegen kannst?
- Wenn du dich in einen Vogel verwandeln könntest, welcher würdest du dann gern sein?
- Auch Metall spielt in vielen Geschichten eine wichtige Rolle. Warum wohl?
- Kennst du Geschichten, in denen Metall wichtig ist?
- Gehörst du zu den Menschen, die von Metall fasziniert sind und warum?

Geschichte aus vier Wörtern

In dieser Übung geben wir nur die Arbeitsstruktur vor und überlassen es der Intuition der Teilnehmer, das Ausgangsmaterial für ihre Geschichte bereitzustellen.

Anleitung

Bitte lasst euch irgendeine Geschichte einfallen. Das kann eine Geschichte sein, die ihr in letzter Zeit gelesen habt, die Handlung eines Films oder irgendeine Geschichte, die in eurer Familie erzählt wird. Wartet ab, welche Geschichte euch einfällt; vergegenwärtigt euch dann die Geschichte. (3–5 Minuten)

Jetzt bildet bitte Paare und erzählt einander eure Geschichten. Wählt am Ende eurer Erzählung zwei Schlüsselwörter aus der Geschichte aus, d. h. Wörter, die für die Geschichte besonders wichtig sind. (6 Minuten)

Und nun erfindet gemeinsam eine ganz neue Geschichte und verwendet dabei eure vier Schlüsselwörter. Einigt euch, worum es in dieser Geschichte gehen soll, wer der Held/die Heldin ist, welches Problem er lösen soll und was er am Ende vielleicht gelernt hat. Schreibt diese Geschichte auf und prägt sie euch gleichzeitig ein. (15 Minuten)

Sucht euch nun bitte einen neuen Partner und erzählt einander die Geschichten, die ihr euch ausgedacht habt.

Auswertung

Lassen Sie einige Freiwillige ihre Geschichten im Plenum erzählen, nicht vorlesen.

Folgende Fragen können für die Besprechung nützlich sein:

- Für welche Schlüsselwörter habe ich mich entschieden?
- Wie bin ich darauf gekommen?
- War es einfach, gemeinsam eine Geschichte zu entwickeln?
- Wie sind wir auf den Helden der Geschichte gekommen?
- Wie alt ist der Held/die Heldin?

- Welche Form haben wir für die Geschichte gewählt? Ist es eine Liebesgeschichte, eine Kriminalgeschichte etc.?
- Fiel es mir leicht, meine eigenen Ideen mit den Vorschlägen meines Partners zu verbinden?

Unsichtbare Geschichte

In diesem Falle wird die Geschichte durch die Farbe des Papiers und durch die Größe des Blattes inspiriert. Die Teilnehmer sollen mit Hilfe ihrer Phantasie die Geschichte „entdecken“, die bereits unsichtbar auf dem Papier steht. Bereiten Sie eine Auswahl von verschiedenfarbigen Papieren vor, in unterschiedlichen Formaten, DIN-A4, DIN-A5 und einige kleinere Formate. Es kann auch interessant sein, den kleineren Formaten verschiedene geometrische Formen zu geben – Dreiecke, Kreise, Quadrate.

Anleitung

Ich habe verschiedene Zettel für euch vorbereitet, Papier in verschiedenen Farben und Größen. Nehmt euch einen dieser Zettel, der euch anspricht.

Setz dich nun an irgendeine Stelle im Raum, wo du dich gut konzentrieren kannst und wo deine Phantasie dort gut arbeiten kann. Stell dir vor, dass auf dem Papier, das du jetzt betrachtest, bereits etwas steht – irgendeine Geschichte. Sie ist mit unsichtbarer Schrift geschrieben, aber deine Phantasie kann die Schrift sichtbar machen. Vielleicht findest du heraus, dass auf deinem Blatt eine ganz knappe Geschichte steht, die vielleicht nur aus einem Satz besteht. Vielleicht entdeckst du auch eine etwas längere Geschichte.

Und auch für die Form der Geschichte, die du entdeckst, gibt es sehr viele Möglichkeiten. Vielleicht ist deine Geschichte ein Zeitungsartikel, vielleicht ist sie ein Märchen, eine Gruselgeschichte, eine Liebesgeschichte oder eine Lehrgeschichte.

Geh ganz locker an diese Aufgabe heran und überlass es deiner Phantasie, diese unsichtbare Geschichte ganz langsam zu entdecken. Vielleicht bist du am Ende selbst überrascht, was dabei herauskommt. Wenn du dich mit dieser bereits vorhandenen Geschichte vertraut gemacht hast, dann kannst du anfangen, sie aufzuschreiben. Benutze bitte deine Zettel.

Vielleicht bist du sehr zufrieden mit dem, was du gelesen und aufgeschrieben hast. Vielleicht stellst du fest, dass deine Phantasie erst warm werden muss. Dann kannst du auch mehrere Anläufe nehmen, dir ein neues Blatt nehmen und die ganze Prozedur wiederholen. (20 Minuten)

Nun kommt immer zu zweit zusammen und lest euch eure Geschichten vor. (5 Minuten)

(Wiederholen Sie diesen Schritt noch ein paarmal.)

Auswertung

Lassen Sie einige Teilnehmer ihre Texte vortragen.

Folgende Fragen können die Besprechung anregen:

- Wic bin ich vorgegangen, um die Stimme meiner Phantasie zu hören?
- Konnte ich gut damit umgehen, dass am Anfang nur das leere Blatt mit der unsichtbaren Geschichte da war?
- War ich nervös oder eher neugierig?
- Habe ich mich angestrengt?
- Hat meine Phantasie eine Geschichte gefunden, die mich selbst überrascht hat?
- Haben mich Farbe und Form des Papiers irgendwie beeinflusst?
- Welche Gefühle hatte ich beim Schreiben?
- Wie gut gefällt mir meine eigene Geschichte?
- Welche andere Geschichte fand ich interessant?

Lügengeschichten

Bitte bringen Sie für diese Übung einen glatten Stein mit, der gut in der Hand liegt und der eine ansprechende Farbstruktur hat.

Anleitung

Erzählen Sie die folgende Lügengeschichte ruhig, ernsthaft und möglichst selbstverständlich, halten Sie dabei den Stein in Händen, so dass er die Aufmerksamkeit der Gruppe auf sich zieht:

Heute habe ich euch eine Rarität mitgebracht, die ihr wahrscheinlich zum ersten Mal in eurem Leben seht. Es handelt sich um einen Suppenstein aus Burma, den ich vor vielen Jahren dort auf dem Markt eines kleinen Dorfes gekauft habe. Der Verkäufer wollte sich von diesem wertvollen Stück zunächst nicht trennen, weil er befürchtete, dass ihm seine Frau Vorwürfe machen würde. Der Stein war lange Zeit im Besitz einer armen Familie, darum musste ich zum Ausgleich viel Geld dafür bezahlen. Der Vorbesitzer erklärte mir, wie man mit diesem Stein umgehen muss: Man legt ihn zunächst in einen Topf mit kaltem, klarem Wasser. Es ist wichtig, dass nichts anderes darin ist. Dann stellt man den Topf aufs Feuer, bis das Wasser zu sprudeln beginnt. Dann soll das Wasser eine halbe Stunde köcheln, und anschließend hat man eine schöne Brühe, die Grundlage für eine vorzügliche Suppe. Wenn man will, kann man dann noch etwas Gemüse hineintun, damit die Mahlzeit auch Vitamine enthält. Zuerst war ich selbst skeptisch, und ich überlegte mir, ob ich den Stein wirklich kaufen sollte. Aber inzwischen bin ich sehr zufrieden mit diesem Suppenstein, weil ich schon viele gute Suppen mit ihm zubereitet habe.

Wahrscheinlich seid ihr neugierig auf diesen Wunderstein. Ich will ihn deshalb jetzt herumgeben, damit ihr ihn anfassen und daran riechen könnt.

(Wenn Sie diese Geschichte überzeugend erzählen und darauf hinweisen, dass die ganze Sache für uns Europäer in der Tat zunächst unglaublich erscheint, dann wird es immer einige Teilnehmer geben, die Ihnen Glauben schenken. Vielleicht sollten Sie diejenigen, die sich täuschen lassen, später um Entschuldigung bitten, und ihnen zum Trost sagen, dass sie auf diese Weise einen deutlichen Eindruck von einer Lügengeschichte bekommen haben.)

Kennt ihr andere Lügengeschichten? Lügengeschichten, die am ersten April erzählt werden? Lügengeschichten, die in der Werbung verbreitet werden? Lügengeschichten, die beim Mobbing eingesetzt werden? In vielen Zeitungen und in Blättern der Regenbogenpresse werden Lügengeschichten verbreitet, um Neugier und Klatschbedürfnis der Leser zu befriedigen. Ein großer Teil der Geschichten, die erzählt oder gedruckt werden, nimmt es mit der Wahrheit nicht so genau. Sie erzählen den Leuten, was sie gern hören möchten, oder sie werden erzählt, um die Menschen zu beeinflussen...

Kommt immer zu viert zusammen und erfindet gemeinsam irgendeine Lügengeschichte. Erzählt die Geschichte so, dass der Zuhörer unmerklich dazu verführt wird, etwas zu glauben, was eine pure Illusion ist. (20 Minuten)

Auswertung

Lassen Sie die Quartette ihre Lügengeschichten vortragen.

Folgende Fragen können die Besprechung anregen:

- Ist jede erfundene Geschichte eine Lügengeschichte?
- Kennst du irgendeine „Lügengeschichte“, die in deiner Familie erzählt wird?
- Wie schützt du dich vor Lügengeschichten?
- Manche Lügengeschichten sind komisch. Kennst du eine?
- Kennst du Lügengeschichten, die großen Schaden angerichtet haben?
- Viele Lügengeschichten haben mit Geld zu tun. Kennst du eine?
- Warum ist fast jeder anfällig für die eine oder andere Lügengeschichte?
- Kennst du politische Lügengeschichten?
- Gibt es Geschichten, die vollständig wahr sind?

Spontan erzählen

Eine neue Identität

Hier tauchen wir in das geheimnisvolle Milieu der Geheimdienste ein, um eine Geschichte zu improvisieren. Jeder weiß, dass ein Spion, der im Ausland eingesetzt wird, eine sogenannte Legende bekommt, d. h. eine neue Identität. Dieses Inkognito soll den Geheimdienstmitarbeiter schützen und verhindern, dass er leicht enttarnt wird. Er bekommt einen neuen Lebenslauf, der ihn als einen anderen ausweist, als er tatsächlich ist. Aber dieser Lebenslauf muss glaubwürdig sein und zur Persönlichkeit passen. Einem Physiker kann man in den seltensten Fällen den Lebenslauf eines Schauspielers geben – das passt einfach nicht.

Besonders raffiniert kann eine neue Identität sein, die wir uns selbst ausdenken. Wir wählen dann einen Lebenslauf, der zu unserem Temperament, unseren Einstellungen, Lebenserfahrungen und Kenntnissen passt. Psychologisch interessant ist, dass die Legenden, die wir uns selbst geben, oft Elemente beinhalten, die zu realisieren wir uns in unserem realen Leben nicht entschließen konnten. Nicht realisierte Rollen, nicht eingegangene Verbindungen, all das taucht regelmäßig auf, wenn wir uns eine neue Biographie geben. Auf diese Weise passt die fiktive Biographie perfekt zu uns. Sie ist jener Teil von uns, den wir nur ansatzweise gelebt haben.

Anleitung

Sucht euch einen Partner, auf den ihr neugierig seid. Setzt euch voreinander hin und lasst die Persönlichkeit des anderen auf euch wirken. Stellt euch bitte vor, ihr wäret dazu bestimmt worden, für den Geheimdienst eures Landes zu arbeiten. Ihr seid in der Ausbildung, um euch auf diesen neuen Job vorzubereiten. Heute geht es darum, dass ihr euch daran gewöhnt, in Zukunft eine neue Identität zu haben, denn ihr sollt im Ausland eingesetzt werden, und dort darf euch niemand erkennen. Darum sollt ihr euch jetzt einen ganz neuen Lebenslauf erfinden, von eurer Geburt bis zum heutigen Tag. Ihr braucht einen anderen Stammbaum, andere Eltern, eine andere Ausbildung, einen anderen beruflichen Werdegang, andere Beziehungen. Wichtig ist, dass diese neue Legende glaubwürdig ist, dass ihr euch darin wohl fühlt, dass sie euch natürlich vorkommt. Ihr könnt Dichtung und Wahrheit miteinander mischen, einiges aus eurem realen Leben übernehmen und anderes vollständig auswechseln.

Gleich sollt ihr euch eurem Partner in dieser neuen Identität vorstellen. Wie im wirklichen Leben kann er Fragen stellen und Bemerkungen machen. Versucht euch intensiv mit eurer neuen Biographie zu identifizieren, so dass ihr glaubwürdig wirkt.

Entscheidet nun bitte, wer von euch A und wer B sein soll. Zunächst hat A zehn Minuten Zeit, um sich dem Partner vorzustellen und seinen Lebenslauf zu skizzieren. Dann kommt B an die Reihe. Der Zuhörer sollte nicht zu oft unterbrechen, aber auch nicht nur stumm zuhören. Fühlt dem berichtenden Partner ruhig auf den Zahn, damit er Gelegenheit hat, geschickt zu improvisieren. (20 Minuten)

Und nun könnt ihr einander Feedback geben. Wie glaubwürdig wirkte der Bericht des Partners? An welchen Stellen waren die größten Unsicherheiten? Wirkte das Bild stimmig? Ist es euch gelungen, euch mit der neuen Rolle zu identifizieren? (10 Minuten)

(Hier sollte auch Gelegenheit sein, dass die wichtigsten Abweichungen von der richtigen Biographie skizziert werden, damit die Partner eine realistische Beziehung zueinander entwickeln können.)

Auswertung

Lassen Sie möglichst jeden Teilnehmer ganz kurz berichten, welche neue Identität er sich gegeben hat.

Folgende Fragen können die Diskussion anregen:

- Was hat mir an meiner neuen Identität gefallen?
- Hat sie etwas mit alten Wunschträumen und verpassten oder ausgeschlagenen Gelegenheiten zu tun?
- Könnte ich mir vorstellen, eine Zeitlang mit dieser neuen Identität zu leben? Was würde ich dann am meisten genießen?

Unglaublich!

Ab und zu möchten wir unsere Mitmenschen beeindrucken, indem wir ihnen ungewöhnliche Geschichten von uns erzählen. Einige möchten sich als Helden profilieren, um zu zeigen, dass sie abenteuerlustig, mutig oder zäh sind, andere, die eine eher masochistische Tendenz haben, schildern gern, wie sie immer wieder Opfer skrupelloser oder hinterhältiger Machenschaften werden. In beiden Fällen genießen wir die Möglichkeiten, uns über die Trivialität des Alltags zu erheben.

In dieser Übung sollen die Teilnehmer etwas Unglaubliches über sich berichten. Und diese unglaubliche Geschichte soll vollkommen erfunden sein.

Anleitung

Kommt immer zu zweit zusammen und setzt euch einander gegenüber. Stellt euch vor, dass ihr auf einer Party zufällig mit diesem Menschen zusammengetroffen seid. Ihr habt euch entschlossen, eine Geschichte aus eurem Leben zum Besten zu geben, die unterhaltsam ist und die die Aufmerksamkeit des Zuhörers fesselt. Erzählt also die unglaublichste Geschichte aus eurem Leben. Aber diese Geschichte muss eine Bedingung erfüllen. Sie muss von A bis Z eine Lüge sein. Vielleicht wollt ihr einen unglaublichen Glücksfall erzählen; vielleicht von einer unglaublichen, mutigen Tat, von einer wunderbaren Rettung, von einem Opfer, das ihr gebracht habt, von einer Erleuchtung, von unbeugsamem Widerstand oder von einer schrecklichen Verletzung oder Demütigung. Ihr könnt das Unglaublichste erzählen, solange es frei erfunden ist.

Entscheidet jetzt, wer von euch A und wer B sein soll. In diesem Fall soll B anfangen, und A hört schweigend und hoffentlich verblüfft zu. Nach fünf Minuten wechselt ihr die Rollen, und dann kommt A an die Reihe und erzählt seine unglaubliche Geschichte. Wenn beide Geschichten erzählt sind, habt ihr Gelegenheit, einander Feedback zu geben. (20 Minuten)

Setzt euch wieder im Kreis zusammen. Jeder soll jetzt die Geschichte erzählen, die er von seinem Partner gehört hat. Erzählt sie uns in der Ich-Perspektive.

Auswertung

- Wie bin ich auf meine unglaubliche Geschichte gekommen?
- Inwieweit habe ich dabei Grenzen überschritten, die ich im Leben sonst beachte?
- Wie ist mein tatsächliches Leben? Zu geordnet oder zu chaotisch?
- Wessen unglaubliche Geschichte fand ich interessant?
- Fällt es mir leicht, spontan zu erzählen?
- Wenn wir Geschichten aus unserem Leben erzählen, übertreiben wir oft. Warum tun wir das?
- Auch die Geschichten, die in den Familien erzählt werden, enthalten Übertreibungen. Warum?
- Habe ich Skrupel, beim Erzählen oder Schreiben zu übertreiben?

Der magische Spiegel

Diese Übung hat eine ganz klassische Struktur, die den Teilnehmern einen anregenden Anlass bietet, eine Geschichte aus ihrem Leben zu erzählen. Bitten sie einen Freiwilligen, der gern zeichnet, einen großen, dekorativen Rahmen für einen Zauberspiegel auf Flipchart zu zeichnen. Fordern Sie die übrigen Teilnehmer auf, diesen Spiegel auf ein Blatt Papier zu kopieren, so dass der Rahmen an den Rändern des Papiers verläuft (DIN-A4).

Anleitung

Stellt euch vor, dass ihr auf euer Blatt einen Zauberspiegel gemalt habt, mit dem ihr eine Zeitreise in die Vergangenheit machen könnt. Schaut in den Spiegel und lasst irgendeine Situation aus eurer Vergangenheit dort auftauchen. Und wenn ihr diese Begebenheit gesehen habt, dann skizziert sie in den Spiegel. Zeichnet alles, was wichtig ist – den Ort, die beteiligten Personen und natürlich euch selbst und alles was sonst noch dazugehört. Das soll kein Gemälde werden, die Skizze soll euch vielmehr helfen, wenn ihr eure Geschichte nachher erzählt. (10 Minuten)

Steht nun bitte auf, geht herum und sucht euch einen Partner, dem ihr eure Geschichte erzählen wollt. Setzt euch mit ihm/ihr zusammen hin und erzählt einander, was damals geschehen ist. (10 Minuten)

Und nun sucht euch einen neuen Partner und wieder einen Platz, wo ihr einander eure Geschichten erzählen könnt. Und wenn ihr diesmal erzählt, so achtet bitte gleichzeitig darauf, auf welche Weise ihr sie diesmal erzählt... Vielleicht lasst ihr etwas weg, vielleicht malt ihr irgendetwas farbiger aus... Vielleicht versucht ihr, aus eurer Geschichte eine richtige Anekdote zu machen, die den Zuhörer in ihren Bann zieht. (10 Minuten)

Kommt noch einmal mit einem neuen Partner zusammen...

Bewegtes Leben

Wenn wir uns physisch bewegen und z. B. im Raum herumgehen, dann aktivieren wir nicht nur unseren Kreislauf, sondern auch unser Gehirn. Wenn wir beim Gehen den Raum aus verschiedenen Blickwinkeln sehen, fällt es uns leichter, auch das eigene Leben aus einer neuen Perspektive zu betrachten. Das kommt den kurzen autobiographischen Geschichten zugute, die hier erzählt werden sollen. – Lassen sie für diese Übung bitte Stühle und Tische zur Seite räumen.

Anleitung

Bitte kommt immer zu Paaren zusammen. Entscheidet bitte zunächst, wer von euch A und wer B sein soll... In der ersten Runde ist A der Erzähler und B der Zuhörer. Der Erzähler nimmt seinen Zuhörer bei der Hand und wandert mit ihm durch den Raum. An irgendeiner Stelle bleibt der Erzähler stehen und stellt sich vor, dass er einen imaginären Vorhang aufzieht und dahinter irgendeine Begebenheit aus seinem Leben sieht. Bitte plant nicht im Voraus, sondern betrachtet, was ihr seht, wenn ihr den Vorhang beiseite gezogen habt. Irgendeine Erinnerung aus eurem Leben wird sich einstellen. Beschreibt das Bild, wie es ein objektiver Beobachter tun würde: „Da ist Oliver, er sitzt am Frühstückstisch und löffelt seine Cornflakes. Alle anderen sind schon aus dem Haus gegangen, weil sie weitere Wege haben. Oliver ist etwas nervös, weil er heute seine Mathematikklausur schreiben muss..."

Der Zuhörer hört sich alles schweigend an. Der Sprecher soll so detailliert wie möglich erzählen. Dazu kann er mit seinem Partner um das Bild herumgehen; er kann dichter an das Bild herangehen; er kann den Gesichtsausdruck beschreiben oder die Gedanken der Personen „lesen".

Wenn eine Erinnerung beschrieben worden ist, dann gehen die beiden wieder eine Weile durch den Raum, und der Erzähler wiederholt dieselbe Prozedur noch einmal. Er bleibt spontan stehen, zieht erneut den imaginären Vorhang zur Seite und lässt sich überraschen, welche Situation ihm diesmal einfällt, damit er sie dem Zuhörer erzählen kann.

Anschließend wechseln A und B ihre Rollen. Für beide Runden habt ihr 15 Minuten Zeit.

Und nun setzt euch zusammen hin und tauscht euch aus: Welche Erfahrung habt ihr mit dem imaginären Vorhang gemacht? Was ist euch eingefallen? Wart ihr überrascht, was euch euer Gedächtnis angeboten hat? Habt ihr etwas Neues über euren Partner erfahren? War es schwierig, so spontan vorzugehen? Was verändert sich, wenn wir uns selbst von außen betrachten? (10 Minuten)

Wessen Geschichte ist wahr?

Vor größerem Publikum spontan zu erzählen, bei dieser Vorstellung ist manchem zunächst unbehaglich. Im Rahmen dieser spielerischen Aktivität kann jeder etwas Routine entwickeln und vielleicht sogar vergessen, dass er Lampenfieber hat.

Anleitung

Kommt bitte immer in Trios zusammen und sucht euch für eure Kleingruppe einen Platz, wo ihr genügend Abstand von den anderen Trios habt. Einer aus jedem Trio soll sich an eine wahre Geschichte aus seinem Leben erinnern, die sich gut erzählen lässt. Gut geeignet sind z. B. kleine Sünden, die ihr als Kind begangen habt. Lasst euch eine Geschichte einfallen, worüber sich die Erwachsenen aufregten. Berichtet dann, wie sie reagierten und wie der Konflikt aufgelöst wurde. Erzählt diese Geschichte möglichst ausführlich, damit die beiden anderen die Geschichte so wiedergeben können, als wäre es ihre. (10 Minuten)

Nun kommt bitte im Halbkreis zusammen, und eines der Teams stellt sich vor das Publikum. Nacheinander soll jeder aus dem Trio die Geschichte so authentisch erzählen, als hätte er sie selbst erlebt. Aber natürlich kann nur einer die Wahrheit sagen, und das Publikum muss herausfinden, wer die Geschichte tatsächlich erlebt hat.

(Geben Sie anschließend noch ein oder zwei anderen Teams Gelegenheit, ihre Geschichte zu präsentieren.)

Die 60-Sekunden-
Geschichte

Die Struktur dieser Übung setzt die Teilnehmer unter einen milden Zeitdruck. Wir tun das nicht, um Stress zu erzeugen, sondern um die Spontaneität anzuregen. Wem es glückt, die Aufgabe in der knappen Zeit zu lösen, hat ein kleines Erfolgserlebnis, auf das er/sie aufbauen kann. Er ist einen Schritt weitergekommen auf dem Weg, ein versierter Geschichtenerzähler zu werden. (Achtung: Lassen Sie die Paare nacheinander improvisieren. So hat die Gruppe am meisten von der Übung.)

Anleitung

Kommt bitte zu zweit zusammen. Diesmal sollen sich die Paare in zwei konzentrischen Kreisen gegenübersitzen.

Bitte entscheidet, wer A und wer B sein soll... A wird der Produzent einer kurzen Geschichte sein. Er darf einige Bestandteile der Geschichte, die ansonsten von seinem Partner B erzählt werden soll, bestimmen. Der Produzent hat maximal 30 Sekunden Zeit, um vier Elemente zu benennen, die in keiner Beziehung zueinander stehen müssen. Er könnte z. B. vorgeben: Eine Taube fällt vom Himmel... Ein Schuss knallt... Ein Kind wünscht sich einen neuen Teddybären... Ein BMW-Sportwagen kommt von der Straße ab... B hat dann die Aufgabe, diese vier verschiedenen Elemente zu einer kleinen Geschichte zu verknüpfen. Er hat dafür 60 Sekunden Zeit. Aus den eben genannten Elementen könnte z. B. folgende Geschichte werden:

„Weil sein Sportwagen von der Straße abgekommen und darum nicht mehr fahrbereit war, verbrachte Herr Müller das Wochenende mit seinem Kind zu Hause. Endlich hatte das Kind Gelegenheit, seinem Vater zu erzählen, dass es sich einen neuen Teddybären wünschte. Außerdem wünschte sich das Kind, Herr Müller solle ihm eine Geschichte erzählen. Wortlos ging Herr Müller an seinen Waffenschrank, öffnete das Fenster und schoß auf eine Taube, die vorüberflog. Die Taube fiel vom Himmel, und das Kind fing an zu weinen."

Der Produzent kann noch knappere Angaben machen, wie z. B.: eine Dose Coca Cola, ein Lippenstift, eine Schildkröte, Regenwetter.

Wenn B versucht, aus den vier Informationen eine Geschichte zu machen, dann muss er nicht mit irgendeiner der vorgegebenen Informationen beginnen. Er kann sie irgendwo einbauen.

Tauscht anschließend die Rollen, so dass A die Rolle des Geschichtenerzählers bekommt und B die Rolle des Produzenten und Stichwortgebers. Anschließend kommt das nächste Paar an die Reihe. Auf diese Weise können wir voneinander lernen, spontan zu erzählen und die Zügel unserer Phantasie zu lockern.

Mensch
ohne Eigenschaften

Wir verwenden hier den „heißen Stuhl“, um eine Persönlichkeit „aus dem Nichts“ zu entwickeln. Ein Freiwilliger sitzt auf einem Stuhl vor der Gruppe. Der Freiwillige schließt zunächst die Augen, entspannt sich und lässt sich innerlich „leer“ werden. Er beginnt als „Mensch ohne Eigenschaften“ und ohne Geschichte. Sobald er die Augen wieder öffnet, kann die Gruppe gemeinsam versuchen, aus ihm eine Figur mit einer Identität zu machen und zwar mit der Methode des Interviews. Auf alle Fragen antwortet der Freiwillige spontan, aber er merkt sich seine Antworten und versucht, eine Person mit kohärentem Charakter und kohärenter Geschichte zu werden.

Anleitung

Für diese Übung benötigen wir einen Freiwilligen... Bitte nimm auf dem „heißen Stuhl“ Platz und entspanne dich. Schließ die Augen und fang an, ruhig und gleichmäßig zu atmen. Vergiss nun deine Persönlichkeit und deine Lebensgeschichte. Nach und nach wirst du dich in einen neuen Menschen verwandeln. Wie kann das geschehen? Du wirst spontan alle Fragen beantworten, die dir die Gruppe stellt. Du kannst selbst bestimmen, welche Eigenschaften du hast, welche Qualitäten, aus welcher Familie du stammst, wie alt du bist, was du im Leben machst, usw. Das Interview soll nicht länger als vier bis fünf Minuten dauern. Wenn du den Eindruck hast, dass du weißt, wer du bist, sagst du einfach: „Vielen Dank für die Fragen. Ich habe jetzt meine Identität.“

Wenn du gleich deine Augen öffnen wirst, bedeutet das, dass du bereit bist, auf die erste Frage zu antworten. (Das Interview könnte z. B. folgende Fragen umfassen: Wann bist du geboren? Wie heißt du? Gehst du noch zur Schule? Wer ist dein bester Freund/deine beste Freundin? Welches sind die Stärken deiner Familie? Wieviele Geschwister hast du? Was macht dich nervös? Was kann dich in Rage bringen?) Es sollte immer nur eine Frage zur Zeit gestellt werden, und wenn ihr den Freiwilligen ansprecht, dann benutzt bitte den Namen, den er sich gegeben hat. Merkt euch auch seine Antworten gut, damit wir mit möglichst wenig Fragen ein möglichst lebendiges Bild der Person erhalten.

(Geben Sie verschiedenen Freiwilligen die Gelegenheit, sich eine neue Identität und eine neue Biographie zu schaffen.)

Arche Noah

Phantasie, Spontaneität und Gestaltungsvermögen werden bei dieser grundlegenden Übung weiter entwickelt. Außerdem hat diese Übung einen gruppendynamischen Akzent, der die Konzentration wach hält, weil niemand weiß, ob er nicht als Nächster eine Geschichte improvisieren muss.

Anleitung

Setzt euch bitte im Kreis zusammen. Stellt euch vor, dass in der Mitte des Kreises eine imaginäre Arche Noah steht, in der ihr alle Tiere findet, die jemals auf der Welt gelebt haben oder noch leben.

Einer zur Zeit darf an die Arche Noah herantreten, eine unsichtbare Luke öffnen und sich überraschen lassen, welches Tier er in der Arche entdeckt. Jeder nennt uns das Tier, das sich ihm spontan gezeigt hat. Es kann durchaus sein, dass jemand ein Phantasietier sieht, dessen Namen er nicht kennt, dann beschreibt er es. Anschließend fordert derjenige, der das Tier entdeckt hat, ein anderes Gruppenmitglied auf, eine Geschichte zu erfinden, in der dieses Tier vorkommt. Die Geschichte soll ganz kurz sein, auf keinen Fall länger als fünf Sätze.

Wenn wir diese Geschichte gehört haben, kann der Nächste an die Arche Noah herantreten, durch die Luke blicken und sich überraschen lassen, welches Tier sich diesmal zeigt.

Bitte vermeidet es vorauszuplanen. Seht etwas Überraschendes und entscheidet spontan, wer die dazu passende Tiergeschichte erfinden soll.

(Es sollte möglichst jeder ein Tier in der Arche Noah finden und auch einmal an die Reihe kommen, eine Tiergeschichte zu erzählen.)

Illustriertes Märchen

Hier kommt es zu einer eindrucksvollen Kooperation zwischen einem Geschichtenerzähler und dem Rest der Gruppe, die nach Anweisung die Geschichte anschaulich macht.

Anleitung

Ein Freiwilliger soll gleich eine Geschichte erzählen. Der Betreffende kann eine Geschichte wählen, die es schon gibt, aber er kann sich auch eine neue ausdenken. Die anderen Gruppenmitglieder gehen im Raum umher und warten darauf, dass der Geschichtenerzähler ein Wort wiederholt. Dieses Wort soll dann theatralisch dargestellt werden.

Der Erzähler sagt z. B.: „Der kleine Junge ging durch den dunklen Wald... Wald.“ Dann sollen die anderen auf der Stelle stehenbleiben, sich in Bäume verwandeln und z. B. mit den ausgebreiteten Armen die Äste andeuten. In diesem Falle bietet es sich an, dass alle Gruppenmitglieder gemeinsam den Wald darstellen, und erst wenn die ganze Gruppe in einer unbewegten Skulptur dasteht, kann die Geschichte weitergehen. Manchmal reicht es auch aus, wenn einer von euch die Illustration alleine vornimmt. Wenn der Erzähler z. B. sagt: „Plötzlich fing der kleine Junge an zu laufen... laufen“, dann reicht es aus, wenn einer von euch den kleinen Jungen spielt, der durch den Raum läuft.

Es können sowohl Substantive als auch Verben und Adjektive wiederholt werden. Außerdem kann der Geschichtenerzähler mit zusätzlichen Regieanweisungen dafür sorgen, dass seine Geschichte so illustriert wird, wie er es gern möchte. Das Wichtigste bei dieser Vorgehensweise ist, dass wir alle Spaß dabei haben und dass wir die Geschichte nicht nur still in uns aufnehmen, sondern uns dabei auch körperlich beteiligen und ausdrücken können.

Kriminalgeschichte

Bei diesem Spiel sind vier Personen aktiv beteiligt: Die Hauptperson ist ein „Krimineller“, der ein Verbrechen begangen hat. Anders als im wirklichen Leben weiß diese Person anfangs jedoch nicht, für welches Verbrechen sie angeklagt wird; sie muss daher herauszufinden versuchen, was sie verbrochen hat. Sie wird von zwei Polizisten verhört. Schließlich gibt es noch eine unschöne Rolle: die des Schlägers Franz, der ab und zu ins Spiel kommt, wenn der Gefangene nicht ordentlich kooperiert. Nach und nach helfen alle vier Beteiligten, dass die Kriminalgeschichte Gestalt annimmt.

Intellektuelles Ratespiel, Slapstick-Nummer und Horrorgeschichte mischen sich hier auf eine interessante Weise, die abwechselnd witzig und gruselig sein kann. Das Publikum kann auf seine Weise eingreifen durch Beifall, Buh-Rufe oder durch spontane Äußerungen, wenn die Spieler zeitweilig mit Blindheit geschlagen sind.

Anleitung

Ich hoffe, wir werden gleich eine interessante Kriminalgeschichte hören. Wie vor einem wirklichen Gericht schält sich diese Geschichte nur langsam und zögernd heraus. Die Wahrheit wird mühsam ans Licht gebracht. Zunächst müssen wir verschiedene Rollen besetzen. Ich brauche einen Freiwilligen, der die Rolle des Angeklagten spielt und der sich damit abfinden muss, dass ihm ein Verbrechen vorgeworfen wird, das er nicht abstreiten darf. Dann brauchen wir zwei Kriminalbeamte, die das Verhör führen. Und wir brauchen einen Handlanger der Justiz. Der Schläger Franz macht dem Angeklagten bei Bedarf Angst. Wer ist bereit, eine dieser Rollen zu übernehmen?

Jetzt muss der Angeklagte den Raum verlassen, damit die ganze Gruppe festlegen kann, welches Verbrechen ihm vorgeworfen werden soll. Wenn der Angeklagte wieder hereinkommt, hat der die Aufgabe herauszufinden, was ihm vorgeworfen wird, aber er darf nie direkt danach fragen. Und auch die Justiz wird ihn nicht direkt seines Verbrechens bezichtigen. Die Justiz möchte ein Geständnis. Und der Angeklagte weiß zwar, dass er schuldig ist, aber nicht wessen, und er wird natürlich versuchen, möglichst billig davonzukommen.

Und noch etwas Wichtiges: Alle Beteiligten haben noch ein weiteres Ziel. Sie möchten dem Zuschauer gute Unterhaltung bieten und gemeinsam eine spannende Geschichte erzählen, bei der es die eine oder andere Überraschung gibt.

Und nun kann der Angeklagte kurz vor die Tür gehen, damit das Publikum festlegen kann, was er eigentlich verbrochen hat.

(Die Dauer dieses Spiels hängt von der Phantasie und der Energie der vier Akteure ab. Setzen Sie daher bitte keinen zeitlichen Rahmen.)

Erzähler und Assistent

Wenn wir eine Geschichte erzählen, dann brauchen wir eine Balance zwischen Aktion und Beschreibung. Hier können die Teilnehmer üben, diese Balance herzustellen. Sie kommen in Paaren zusammen, einer von beiden erfindet eine Geschichte, und der andere übernimmt die Rolle des Assistenten, der unterbrechen darf, um Anweisungen zu geben. Entweder soll die Handlung vorangetrieben werden, oder es soll die Beschreibung von Personen, Orten, Umständen stärker ausgeführt werden. Was die richtige Balance einer Geschichte ist, lässt sich natürlich nicht objektiv festlegen, daher führt diese Übung häufig zu angeregten Auseinandersetzungen zwischen den Partnern.

Anleitung

Bitte wählt euch einen Partner und setzt euch mit ihm zusammen. Entscheidet, wer A und wer B sein soll... In der ersten Runde wird A der Erzähler und B der Assistent sein.

A soll gleich eine Geschichte erfinden. Einigt euch auf die Art der Geschichte und auf einen Titel.

(Bei der Auswahl der Geschichte sollte der Erzähler das letzte Wort haben. Bei ungeübten Teilnehmern empfiehlt es sich vielleicht, dass der Gruppenleiter Typus und Titel der Geschichte vorgibt.)

A beginnt mit dem Erzählen der Geschichte. Der sorgt dafür, dass die Geschichte in einem passenden Rhythmus zwischen Handlung und Beschreibung voranschreitet. Darum darf er den Erzähler unterbrechen und Anweisungen geben. Gibt der Assistent den Hinweis „voran“, dann soll der Erzähler die Handlung vorantreiben. Ist der Assistent jedoch der Meinung, dass zuviel agiert wird und zuwenig beschrieben wird, dann gibt er den Hinweis „Farbe“. Der Erzähler ist dann aufgefordert, ausführlicher zu beschreiben – eine Person, einen Ort, Stimmungen und Gedanken der Personen usw.

Wenn der Assistent der Ansicht ist, dass der Erzähler eine gute Balance hält, dann kann er sich zurückhalten. Er soll immer nur dann eingreifen, wenn die Balance verlorengeht. (10 Minuten)

Und nun wechselt bitte eure Rollen. A wird jetzt der Assistent und B der Erzähler. Sucht euch nun bitte zunächst einen Titel für die zweite Geschichte, die jetzt erzählt werden soll... (10 Minuten)

Und nun gebt einander Feedback und sprecht darüber, ob ihr die Hinweise des Assistenten nachvollziehen konntet. Was denkt ihr über die Geschichte, die euer Partner erfunden hat? Welche Stärken und welche Schwächen hatte die Geschichte? (10 Minuten)

Die Gruppe erzählt

Hier greifen wir auf ein sehr interessantes Arrangement zurück, bei dem die ganze Gruppe kooperiert, um gemeinsam eine Geschichte zu erfinden. Die ersten Erzähler bestimmen die Art der Geschichte und den Helden, sie üben also verhältnismäßig viel Einfluss aus. Die folgenden Erzähler können sich entscheiden, ob sie die Geschichte vorantreiben wollen, indem sie dafür sorgen, dass Konflikte entstehen oder wichtige neue Personen eingeführt werden, oder ob sie der Geschichte lieber Farbe geben und die Situation ausschmücken wollen.

Bei dieser Methode gibt es noch eine zweite Form der Beeinflussung. Jeder kann denjenigen bestimmen, der nach ihm an die Reihe kommt. Wenn sich die Teilnehmer gut kennen, dann können sie zumindest ahnen, in welche Richtung ein bestimmter Teilnehmer die Geschichte weiterführen wird. Dieses Arrangement ist besonders ergiebig, wenn sich die Teilnehmer gut verstehen und bereit sind, miteinander zu kooperieren. Der eigene Erzählbeitrag muss sich in die Atmosphäre der Geschichte einfügen. Wenn der Leiter keinerlei Vorgaben macht, dann tauchen in der Geschichte in der Regel Motive aus dem „kollektiven Unbewussten" der Gruppe auf, Themen, die explizit oder lantent vorhanden sind.

Wenn Sie diese Übung ausprobieren wollen, dann brauchen Sie einen Ball oder ein anderes weiches Objekt, das von Spieler zu Spieler im Kreis herumgeworfen werden kann.

Anleitung

Ich möchte euch dazu einladen, gemeinsam eine Geschichte zu erzählen, eine Geschichte, die ihr spontan erfindet. Ihr sollt euch also keinen Plan machen und keinerlei Absprachen treffen. Der erste Erzähler, der den Ball in den Händen hält, beginnt die Geschichte. Er kann die Geschichte mit einem einzelnen Satz beginnen, aber er kann auch etwas weiter ausholen. Wenn der Erzähler möchte, dass ein anderes Gruppenmitglied die Geschichte fortsetzt, wirft er diesem den Ball zu und schweigt selbst. Wer immer den Ball bekommt, muss einen eigenen Beitrag zu der Geschichte machen, ehe er seinerseits den Ball weiterwirft.

Die Geschichte wächst also allmählich, und am Anfang weiß niemand, was alles dabei geschieht. Aber ein paar Dinge sind sicherlich zu beachten: Die Geschichte braucht einen deutlichen Anfang, einen deutlichen Schluss und einen Mittelteil. Natürlich braucht sie auch einen Helden, der irgendeine Herausforderung besteht und im Laufe der Geschichte irgendetwas lernt. Aber das sind ganz grobe Regeln. Das Wichtigste ist, dass die Geschichte unterhaltend ist, dass sie Autoren und Zuhörern gefällt. Bei dieser Übung kann jeder gleichzeitig Autor und Zuhörer sein…

Gute-Nacht-Geschichte

Dies ist eine schöne Möglichkeit für eine Abendsitzung, um den Tag zu beschließen. Die Teilnehmer bilden auf dem Rücken liegend einen Kreis, die Köpfe deuten zum Mittelpunkt. Auch hier kann jeder selbst entscheiden, wieviel er erzählen möchte. Wenn der Sprecher stoppen will, berührt er seinen Nachbarn, der dann weitererzählt.

Anleitung

Lasst uns den Tag beschließen, indem wir uns gemeinsam eine Gute-Nacht-Geschichte erzählen. Legt euch bitte im Kreis auf den Boden, die Füße nach außen. Wenn ihr wollt, könnt ihr dabei die Augen schließen.

Zu Beginn ist es ratsam, dass ihr euch entspannt und ein gemeinsames Atemmuster entwickelt. Versucht nach und nach, im gleichen Rhythmus zu atmen. Einatmen... ausatmen... einatmen... ausatmen... (1 Minute)

Bei dieser Geschichte wird einer den Anfang machen, und wenn der Erzähler seinen Beitrag beendet hat, dann stößt er seinen rechten Nachbarn sanft an. Das ist das Signal zum Weitererzählen. Jeder kann entscheiden, wie lang der eigene Beitrag sein soll – ein einzelner Satz oder auch etwas mehr. Lasst euch überraschen, welche Geschichte dabei zustande kommt, und welche Themen dabei angesprochen werden. Greift auf, was schon erzählt wurde. Lasst die Geschichte behutsam wachsen, und lasst eine Gute-Nacht-Geschichte entstehen, die für diese Gruppe einen guten Übergang von der Arbeit des Tages in den Abend bedeutet.

Und einer von euch kann gleich den Anfang machen und die Geschichte eröffnen. Genauso brauchen wir nachher jemanden, der dieser Gute-Nacht-Geschichte einen klar erkennbaren Schluss gibt.

Für ein freundliches Gruppenklima

Klaus W. Vopel

Spiele die verbinden Teil 1+2

Offenheit und Vertrauen in der Anfangsphase

Teil 1: 160 Seiten, ISBN 3-89403-331-2
Teil 2: 165 Seiten, ISBN 3-89403-332-0
Paperback

Klaus W. Vopel

Gruppenrituale

Die Kunst, mit dem Herzen zu sehen

116 Seiten, Paperback
ISBN 3-89403-097-6

Klaus W. Vopel

Teamfähig werden Teil 1+2

Spiele und Improvisationen

Teil 1: 140 Seiten, ISBN 3-89403-090-9
Teil 2: 150 Seiten, ISBN 3-89403-091-7
Paperback

Klaus W. Vopel

Anwärmspiele Teil 1+2

Experimente für Lern- und Arbeitsgruppen

Teil 1: 129 Seiten, ISBN 3-89403-124-7
Teil 2: 124 Seiten, ISBN 3-89403-082-8
Paperback